INA FINN

WEIN
WISSEN

IN **2** TAGEN
ZUM KENNER

Hallwag

INHALT

LIEBER WEINFREUND,

für mich ist Wein nicht nur eines der vielseitigsten Genussmittel, sondern eine Passion und eine nie endende Entdeckungsreise. Durch ihn haben sich mir viele Länder und Kulturen erschlossen. Wein steht aber auch für Geselligkeit und ist der perfekte Begleiter zu gutem Essen.

Dieses Buch soll eine Art roter Faden sein, der Sie auf spielerische Art an den Wein heranführt. Es ist Ihr persönliches Weinseminar, in dessen Verlauf wir sechs Weine aus sechs verschiedenen Rebsorten probieren und miteinander vergleichen werden. Auf der Grundlage dieser sechs Sorten, aus denen weltweit zahlreiche Weine erzeugt werden, können Sie später viele weitere Entdeckungen machen.

Aus meiner beruflichen Erfahrung weiß ich, welche Informationen man wirklich braucht, um sich in der Weinwelt besser zurechtzufinden. Daher werde ich Sie mit etwas Hintergrundwissen auf die Verkostung einstimmen. Sie werden sehen: So kompliziert und mystisch, wie ihn viele immer noch darstellen, ist der Wein gar nicht. Besonders im Kapitel über Weinsensorik werden Sie vieles erfahren, was Sie bei der anschließenden Verkostung in die Praxis umsetzen können. Zum Schluss folgen Tipps für den Umgang mit Wein, vom Einkauf über die Lagerung bis hin zur Serviertemperatur.

Vielleicht genießen Sie schon beim Lesen ein Glas Ihres Lieblingsweins, der Ihnen bisher einfach nur gut geschmeckt hat. Nach der Lektüre werden Sie auch wissen, warum das so ist. Ich wünsche Ihnen viel Spaß beim Lesen und Genießen.

Ihre

DIE VORFREUDE STEIGERN

Das Wichtigste und Schönste auf Ihrem Weg zum Weinkenner ist Ihre Neugierde und Ihre Bereitschaft, möglichst viele verschiedene Weine unterschiedlicher Farbe, Rebsorte, Herkunft und Preislage kennenzulernen und zu verkosten. Daran werde ich Sie immer wieder erinnern. Ich bin mir fast sicher, dass Sie bereits nach den folgenden Seiten Lust auf den ersten Schluck Wein bekommen. Bevor Sie jedoch mit dem Verkosten beginnen, sollten Sie ein paar Vorbereitungen treffen, denn gut vorbereitet ist halb verkostet.

ALLEINE ODER IM TEAM?

Ob Sie lieber alleine oder zusammen mit Gleichgesinnten verkosten, ist ganz Ihnen überlassen. Beides führt zum Ziel. Ich persönlich ziehe es vor, Wein im Team zu verkosten und zu genießen. Vor allem schätze ich es, eine Art Sparringspartner zu haben, mit dem ich mich über Wein austauschen kann. Wenn auch Sie nicht alleine verkosten möchten, überlegen Sie, wer aus Ihrem Freundes- oder Bekanntenkreis ebenfalls gerne Wein trinkt, aber noch kein Weinkenner ist. Ideal ist eine Dreiergruppe, weil dann von einer 0,75-Liter-Flasche genügend Wein zum Nachverkosten übrig bleibt.

WELCHE WEINE SOLLTEN SIE EINKAUFEN?

Für die hier vorgeschlagenen Weine empfiehlt sich eine Preislage zwischen 5 und 10 Euro pro 0,75-Liter-Flasche. Dafür können Sie repräsentative Qualitäten erwarten. Falls Sie für den Einkauf in ein Weinfachgeschäft gehen, werden Sie in jedem Fall beraten. Wenn Sie lieber im Internet bestellen, sollten Sie darauf achten, dass die Jahrgänge aktuell sind und die bestellten Weine wirklich zu fast 100 Prozent aus der jeweiligen Rebsorte bestehen.

Riesling Qualitätswein aus Deutschland, zum Beispiel von der Mosel oder aus dem Rheingau

Sauvignon blanc Am besten ein Wein aus dem Anbaugebiet Loire in Frankreich

Chardonnay Ein Wein aus Australien, Südafrika oder Chile

Spätburgunder/Pinot noir Qualitätswein aus Deutschland (Baden oder Pfalz) oder Pinot noir aus dem Burgund in Frankreich (ist aber deutlich teurer)

Merlot Ein Wein aus Südfrankreich, Spanien oder Südafrika

Cabernet Sauvignon Am besten ein Wein aus Chile oder Kalifornien

WAS BRAUCHEN SIE SONST NOCH?

Hier folgt eine kleine Checkliste jener Utensilien, welche bei den meisten ohnehin im Haushalt vorhanden sind.

Weingläser Stellen Sie mindestens zwei, besser drei Gläser pro Person bereit. Die Gläser sollten alle die gleiche Größe haben und sich zum Rand hin leicht verjüngen.

Korkenzieher Nehmen Sie jenes Modell, das Sie üblicherweise am liebsten zum Öffnen von Weinflaschen benutzen. Näheres über Korkenzieher siehe Seite 42.

Spuckeimer Unter Weinfachleuten ist es üblich, die verkosteten Weine auszuspucken. Das klingt für Sie vielleicht ungewohnt und Sie denken sich: »Der schöne Wein!« Doch wenn man mehrere Weine nacheinander verkostet, kann einem der Alkohol mit der Zeit zu viel werden. Deshalb ist es von Vorteil, wenn Sie einen Spuckeimer am Tisch haben. Ein etwas tieferes Gefäß ist dazu gut geeignet. Wenn Sie mit anderen zusammen verkosten, empfehle ich Ihnen, für jeden Verkoster ein eigenes Spuckgefäß bereitzustellen.

Kühlmöglichkeit Die Weißweine sollten Sie etwa drei Stunden vor der Verkostung in den Kühlschrank stellen (bei etwa 5 °C) und die Rotweine auf 18 °C temperieren (siehe auch Seite 43).

Wasser, Brot und Käse Zum Neutralisieren des Geschmacks während des Degustierens sollte genügend stilles Wasser (siehe auch Seite 42) und Brot (zum Beispiel Baguette) bereitstehen. Wichtig ist auch etwas für den ersten Hunger nach der Verkostung, am besten Käse.

Weinnotizen Es ist kein Muss, aber empfehlenswert, sich Notizen zu den verkosteten Weinen zu machen und zu bewerten, wie gut sie Ihnen gefallen haben. Damit haben Sie einen Überblick über die bereits probierten Weine und können gleichzeitig eine Art persönliches »Ranking« erstellen.

Und nun kann es losgehen!

THEORIE

Welche Weine gibt es und worin unterscheiden sie sich? Was macht einen Wein einzigartig? Hier erfahren Sie das Wichtigste über Weinstile und Weintypen, über Anbaugebiete und Rebsorten und über die Bedeutung der Herkunft. Sie lernen die Arbeit des Winzers kennen, und zum Schluss dreht sich alles um die Flasche, die darauf wartet, von Ihnen geöffnet zu werden.

EINSTIEG IN DIE WEINWELT

Schmeckt oder schmeckt nicht – darum geht es beim Wein! Natürlich ist es von Vorteil, wenn die Flasche, die Sie öffnen, eine ist, die Ihnen auch zusagt. Um die Trefferquote zu erhöhen, ist ein wenig Backgroundwissen ganz nützlich.

Stellen wir uns dazu ein Weinregal vor, in dem alle Weintypen und Weinstile, die es gibt, aufgereiht sind. Am Anfang stehen die Weißweine, sortiert von national zu international. Danach folgen die Roséweine, von denen heute mehr Sorten auf dem Markt sind als noch vor ein paar Jahren. Rosé ist inzwischen *das* angesagte Getränk, sobald die Temperaturen nach oben gehen.

Reich besetzt ist die Rotweinzeile, in der Vertreter aus aller Welt zu finden sind. Am Ende des Regals stehen die Schaumweine sowie Sherry und Portwein, die beide zur Kategorie der alkoholangereicherten Weine (siehe Seite 15) zählen.

WEINTYPEN AUF EINEN BLICK

- Stillweine
- Schaumweine
- alkoholangereicherte bzw. verstärkte Weine

WEINSTILE AUF EINEN BLICK

- nach Weinfarbe: weiß, rosé, rot
- nach Körper (Gehalt an Geschmack): leicht, mittelkräftig, kräftig
- nach Süßegrad: trocken, halbtrocken, süß
- andere Faktoren, die den Weinstil prägen können: Säuregehalt, Gerbstoffgehalt, Ausbauart

Aus all diesen Weintypen und Weinstilen stellen wir uns nun ein eigenes, ganz individuelles Regal mit unseren Lieblingsweinen zusammen. Je nach Lust und Laune greifen wir dann hinein und freuen uns darauf, den Wein zu öffnen und zu probieren. Wein ist nicht nur eines der vielfältigsten Genussmittel, sondern auch eine sehr subjektive Angelegenheit. Der eigene Geschmack entwickelt sich immer weiter und verändert sich mit der Zeit. Die Erfahrung kommt von ganz allein, je mehr Sie ausprobieren.

DIE WEINFARBE

Wein ist vergorener Traubensaft, der aus Weintrauben bereitet wird. Diese unterscheiden sich in Farbe, Größe der Beeren und Aromatik. Die Trauben, welche zu Wein verarbeitet werden, nennt man Rebsorten – zum Beispiel Riesling oder Cabernet Sauvignon –, während die Trauben für den Obstsalat Tafeltrauben heißen und zur Weinbereitung eher ungeeignet sind.

Die Rebsorten werden in weiße und rote Sorten eingeteilt. Und jetzt aufgepasst: Aus roten Trauben kann sowohl Rot- als auch Weißwein hergestellt werden. Dagegen kann aus weißen Trauben nur Weißwein entstehen. Warum? Probieren Sie es selbst einmal aus: Zerdrücken Sie in der einen Hand eine weiße Beere und in der anderen Hand eine rote Beere. Aus beiden Händen wird heller Saft tropfen. Lassen Sie aber die rote Beere angequetscht in ihrem eigenen Saft liegen, wird sich der Saft nach kurzer Zeit rosa und nach längerer Zeit rot färben, weil die Schale rote Farbpigmente (Anthocyane) enthält.

Weißwein wird also aus dem Saft weißer oder roter Rebsorten hergestellt. Für Rosé- und Rotwein werden nur rote Rebsorten verwendet, wobei für die Rotweingewinnung sowohl Saft wie Schalen nötig sind – man nennt diese Mischung Maische.

DIE ALKOHOLISCHE GÄRUNG

Der Saft bzw. die Maische wird durch die alkoholische Gärung zu Wein. Auslöser des Gärprozesses sind Hefepilze, die dem Saft oder der Maische zugegeben werden. Die Gärung hat neben der Rebsorte einen wesentlichen Einfluss auf den späteren Geschmack und Charakter des Weins. Aber was geschieht da eigentlich genau?

Reife Trauben sind reich an Zucker. Hefepilze wiederum lieben Zucker. Im Verlauf der Gärung verputzen sie nach und nach den gesamten vorhandenen Zucker. Daraus entsteht zum einen Alkohol und zum anderen Kohlendioxid, das blubbernd aus dem Gärtank entweicht. Der Zuckergehalt der Traube bestimmt den späteren Alkoholgehalt mit. Um von Wein sprechen zu können, muss er zwischen 7,5 und 15 % Vol. liegen.

Man kann die Hefen auch daran hindern, allen Zucker zu vertilgen. Das geht ganz einfach über die Regulierung der Temperatur. Die Wohlfühltemperatur für Hefen liegt bei rund 20 °C. Ungemütlich wird es für sie unter 10 °C. Durch einen gesteuerten Kälteschock beenden sie ihr »Zuckergelage«. Im Wein bleibt dann eine sogenannte Restsüße zurück.

WEISSWEIN

Ein Weißwein besitzt zwei wesentliche Komponenten, die miteinander im Einklang stehen sollten: die Frucht bzw. Süße und die Säure. Ein harmonischer Wein hat eine angenehme Fruchtigkeit und wird durch eine gut integrierte Säure gestützt. Die Säure ist das Rückgrat des Weißweins, sie hält den Wein zusammen und bringt Frische hinein. Die Grafik zeigt, wie das Verhältnis zwischen Frucht und Säure den Weißwein geschmacklich beeinflusst.

Die Weißweinbereitung beginnt, sobald die Trauben im Keller eingetroffen sind. Meistens werden die ganzen Trauben verwendet, manchmal aber auch nur die Bee-

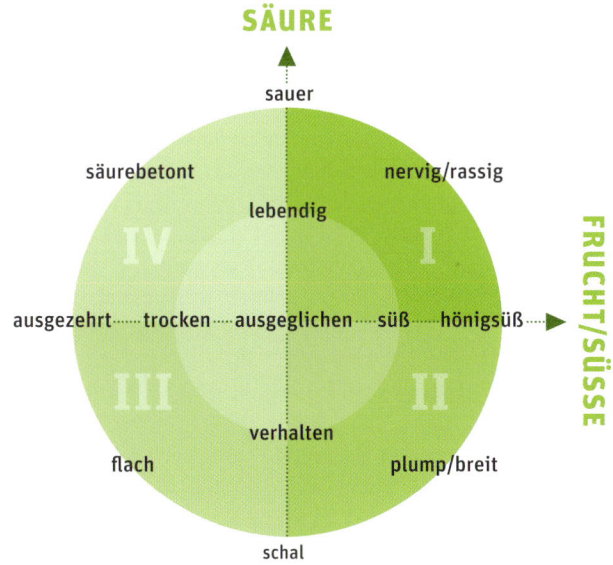

*Die **Struktur des Weißweins** kann anhand zweier Achsen dargestellt werden: Die vertikale Achse stellt die Säure, die horizontale Achse die Frucht/Süße des Weins dar. Treffen sich die beiden Achsen in der Mitte, sind Säure und Frucht im Wein ausgeglichen – der Idealzustand. Im ersten Viertel befindet sich die Struktur des Weins noch im Idealbereich. Im zweiten Viertel hat der Wein zu viel Süße und zu wenig Säure. Im dritten Viertel hat er sowohl zu wenig Süße als auch zu wenig Säure. Im vierten Viertel hat der Wein zu viel Säure und zu wenig Süße.*

ren, nachdem die Trauben entrappt wurden (siehe Rotwein, Seite 12). Die Trauben kommen in die Weißweinpresse, wo unter sanftem Druck der Traubensaft gewonnen wird. Ein schonender Pressvorgang ist für die spätere Weinqualität entscheidend, da ja keine Bitterstoffe aus den Kernen und Stielen in den Saft gelangen sollen. Nach der Pressung wird der Saft in einen Edelstahltank gefüllt und dort für ein paar Stunden stehen gelassen, damit sich kleine Partikel (Trubstoffe) wie Fruchtfleischreste und Schalen absetzen können. Der so vorgeklärte Saft wird dann von seinen Trubstoffen abgezogen und in der Regel in einen Gärtank aus Edelstahl gefüllt. In Ausnahmefällen wird der Saft in Barriques vergoren, wodurch ein völlig anders gearteter Weißwein entsteht (siehe Chardonnay, Seite 65). Nach der Zugabe von Hefe beginnt unverzüglich die alkoholische Gärung, die je nach Zuckergehalt der Trauben von wenigen Tagen bis zu mehreren Wochen dauern kann. Danach wird der Weißwein von der Hefe getrennt und für die Abfüllung vorbereitet.

Die meisten Weißweine werden im Frühjahr nach der Ernte abgefüllt und sind für den sofortigen Konsum gedacht, da sie mit ihrer frischen Frucht jung am besten schmecken. Ohnehin werden heute die meisten Weine innerhalb von 36 Stunden nach dem Einkauf getrunken. Ist der Weißwein zu alt, verliert er seine Frische und seinen Charme und es

treten reifere Noten in den Vordergrund. Nur sehr wenige Weißweine, beispielsweise Rieslinge und Chardonnays, haben das Zeug dazu, mit den Jahren geschmackvoller und ausgewogener zu werden.

Weißweine haben meistens einen Alkoholgehalt zwischen 11 und 12,5 % Vol. Liegt der Alkoholgehalt unter 10 % Vol., kann man davon ausgehen, dass der Wein eine schmeckbare Restsüße hat. Ein Alkoholgehalt über 13 % Vol. bedeutet, dass die Trauben viel Sonne getankt haben. Kommt dann eine ordentliche Portion Frucht und Aroma hinzu, ist der Alkohol gut eingebunden, sodass der Wein am Gaumen nicht brandig (alkoholisch) wirkt.

ROTWEIN

Während beim Weißwein lediglich Süße und Säure im Gleichgewicht sein sollten, kommt beim Rotwein eine weitere Komponente hinzu: die Gerbstoffe (auch Tannine oder Phenole genannt). Man kann sie auch als Bitterstoffe bezeichnen, da sie sehr herb und bitter schmecken können. Wie aber machen sie sich bemerkbar?

Wenn wir Rotwein trinken und das Gefühl haben, am Gaumen ziehe sich alles zusammen, dann sind Gerbstoffe am Werk. Falls Sie schon einmal einen roten Bordeauxwein probiert haben, werden Sie dieses pelzige Gefühl kennen. Eine rote Traube hat Gerbstoffe in den Rispen, in den Kernen und in der Schale. Die erwünschten Gerbstoffe, also jene, die den Rotwein samtig werden lassen, sitzen in der Schale. Voraussetzung ist jedoch, dass die Trauben und damit die Gerbstoffe zum Zeitpunkt der Lese reif sind, sonst wird der Rotwein herb und abweisend schmecken.

Wie stellt man nun fest, ob die Gerbstoffe reif sind? Heute geht der Winzer nicht mehr bloß mit einem kleinen Gerät (Refraktometer) in den Weinberg, um den Zuckergehalt der Trauben zu messen. Er isst auch die Beeren, um festzustellen, wie sie sich entwickelt haben. Sie können es selbst versuchen. Nehmen Sie dazu zwei rote Beeren (nicht von kernlosen Trauben). Von der einen ziehen Sie die Schale ab und lösen auch die Kerne aus dem Fruchtfleisch. Probieren Sie alles einzeln und achten Sie dabei auf Folgendes: Wie süß und aromatisch schmeckt das Fruchtfleisch? Wenn Sie auf den Traubenschalen herumkauen: Wie fühlen sich die Gerbstoffe an? Nehmen Sie auch die Traubenkerne in den Mund. Schmecken sie einfach nur bitter oder haben sie vielleicht sogar eine leicht nussige Note? Die zweite

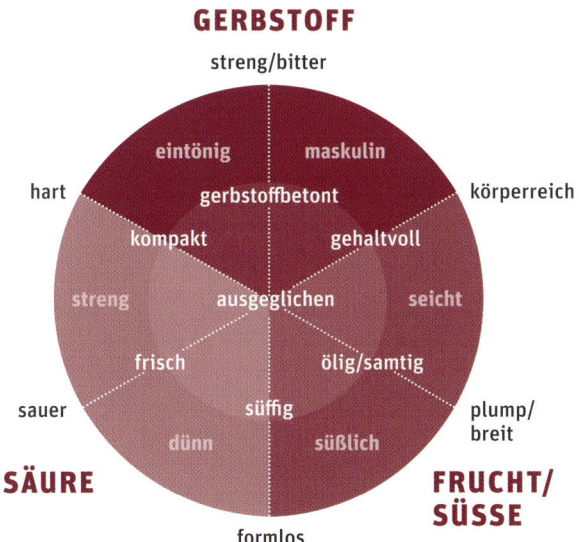

GERBSTOFF
streng/bitter

eintönig — maskulin
hart — gerbstoffbetont — körperreich
kompakt — gehaltvoll
streng — ausgeglichen — seicht
frisch — ölig/samtig
sauer — süffig — plump/breit
dünn — süßlich

SÄURE

FRUCHT/SÜSSE
formlos

*Die **Struktur des Rotweins** ergibt sich aus drei Komponenten, die miteinander in Beziehung stehen: Säure, Gerbstoff und Frucht/Süße. Im Zentrum des Kreises ist das Verhältnis der drei Komponenten ausgewogen. Sind die Eigenschaften des Weins im inneren Kreis angesiedelt, unabhängig davon, zu welcher Komponente der Wein mehr tendiert, ist er noch in einem angenehmen Trinkzustand. Je weiter sich seine Struktur zu einer der Komponenten hin verlagert, desto unharmonischer wird der Wein, weil er zu stark durch die jeweilige Komponente geprägt ist.*

Beere essen Sie im Ganzen und schauen, wie der Gesamteindruck ist. So macht es auch der Winzer und »erschmeckt« auf diese Weise den richtigen Zeitpunkt für die Traubenlese, den man in der Fachsprache physiologische Reife nennt.

Nach der Lese werden im Weinkeller zunächst die Stiele der Trauben entfernt, deren bitter schmeckende Gerbstoffe im Rotwein unerwünscht sind. Diese Arbeit übernimmt zum Glück eine Maschine (Entrapper). Beim Entrappen werden die Beeren bereits leicht angedrückt, sodass der erste Saft austritt. Die so entstandene Maische wird dann in einen Gärbehälter gegeben. Nach der Zugabe von Hefe beginnt die Gärung, die meist etwa drei Wochen dauert.

Die Maischegärung

Durch den Umwandlungsprozess, den die der Maische zugesetzten Hefen in Gang setzen, entsteht Kohlendioxid, das die Traubenschalen an die Oberfläche befördert, wo sie nach kurzer Zeit eine recht feste Schicht (Tresterhut) bilden. Diese Schicht muss während der Gärung immer wieder aufgebrochen und umgeschichtet werden, um so viele Inhaltsstoffe wie möglich aus den Beerenschalen zu lösen, entweder von Hand mit einem Holzstampfer oder mithilfe moderner Tanks mit eingebauten Paddeln. Manchmal wird der Saft auch unten am Tank entnommen und nach oben auf den Tresterhut gepumpt. Nach dem Abschluss der Rotweingärung wird der Jungwein vom Fass abgezogen. Die Überreste der Maische werden in eine Rotweinpresse gegeben, um daraus den restlichen Wein zu gewinnen.

Im Vergleich zum Weißwein hat Rotwein etwas mehr Alkohol, meistens zwischen 13 und 14 % Vol., und kommt immer trocken in die Flasche. Eine Ausnahme ist Deutschland, wo es zum Beispiel einen halbtrockenen Dornfelder gibt. Andere Länder stellen vereinzelt Dessertweine aus roten Trauben her.

Der Ausbau

Die Zeit der Lagerung zwischen Gärung und Abfüllung wird Ausbau genannt. Je nach gewünschtem Weinstil wählt der Winzer unterschiedliche Arten des Ausbaus. Der Jungwein kann zum Beispiel für eine gewisse Zeit in neutralen Edelstahltanks lagern. Während dieser Lagerzeit harmonisiert er sich, nimmt jedoch keine weiteren Aromen an. Diese Stilistik kennzeichnet Rotweine, die schnell genussfertig sind und kein größeres Lagerpotenzial aufweisen. Bei einer anderen Art des Ausbaus lagert der Rotwein über mehrere Monate in Holzfässern. Für hochwertige Rotweine werden Eichenholzfässer mit 225 Liter Inhalt, sogenannte Barriques, verwendet. Im Eichenfass ausgebaute Rotweine sind sehr kräftig und können mehrere Jahre lagern.

ROSÉWEIN

Während früher weitläufig die Meinung vorherrschte, Roséwein sei nichts Halbes und nichts Ganzes, trinken inzwischen auch die härtesten Kerle den pinkfarbenen Wein. Zur Herstellung von Roséwein werden die roten Trauben angepresst und dann etwa zwölf Stunden lang stehen gelassen. Dabei lösen sich die ersten Farbpigmente aus den Schalen und färben den Saft rosa. Nach dem Abpressen der Trauben wird der gewonnene rosafarbene Saft wie Weißwein weiterverarbeitet (siehe Seite 9).

Zwischen Weiß- und Roséwein angesiedelt ist der Blanc de Noirs (wörtlich: »Weißer von Schwarzen«), der aus roten Trauben gewonnen wird. Nach dem sofortigen Pressen der Trauben wird der helle Saft sogleich von den dunklen Schalen getrennt. Dadurch entsteht ein Wein, der etwas kräftiger ist als ein Weißwein aus weißen Trauben. Die Blancs de Noirs erfreuen sich heute großer Beliebtheit.

SCHAUMWEIN

Was wäre die Weinwelt ohne ihre schäumenden Vertreter? Ich jedenfalls möchte nicht auf ihre erfrischende Wirkung verzichten. Für mich ist Schaumwein der perfekte Aperitif.

Am Anfang jedes Schaumweins steht ein fertiger Wein, der speziell für die Schaumweinproduktion erzeugt wurde. Weder Sie noch ich hätten Lust, ihn zu trinken, denn meistens hat er wenig Alkohol, eine recht hohe Säure und ist knochentrocken. Oft stammt er aus verschiedenen Rebsorten und sogar aus unterschiedlichen Jahrgängen. In der Schaumweinproduktion wird dieser Wein als Grundwein bezeichnet.

Um Kohlensäure in diesen Grundwein zu bringen, muss eine zweite Gärung stattfinden, das heißt, dem Grundwein wird Zucker und Hefe zugesetzt und das Spektakel beginnt von Neuem. Bei einfachen Qualitäten findet diese zweite Gärung in großen Drucktanks statt, bei hochwertigen Schaumweinen spielt sich das Ganze in der Originalflasche ab, in der sie später auch in den Handel kommen (siehe Seite 14, »Die klassische Flaschengärung«).

Bei der einfachsten Methode der Schaumweinerzeugung wird einem Grundwein künstlich Kohlensäure zugesetzt. Viele Perlweine (Frizzante) werden auf diese Weise hergestellt. Hier ist die Kohlensäure aber nicht im Wein gebunden, die Bläschen sind sehr groß und fühlen sich am Gaumen grob an. Ein Perlwein hat zudem weniger Kohlensäure und lässt die Bläschen sehr viel schneller entweichen. Er sollte daher nach dem Öffnen rasch, am besten noch am gleichen Tag, verbraucht werden. Der bekannteste Vertreter ist der Prosecco Frizzante.

Die klassische Flaschengärung

Nachdem dem Grundwein Hefe und Zucker zugesetzt wurden, füllt man ihn in die Originalflaschen und verschließt diese mit einem Kronkorken. Nach etwa zwei Wochen ist die zweite Gärung vollzogen, die Hefe befindet sich noch immer in der Flasche. Nun beginnt eine entscheidende Phase, die einen wesentlichen Anteil an der Qualität des Schaumweins hat: die Lagerung »auf der Hefe«, während der die Flaschen für mehrere Monate in waagerechter Position liegen. Dadurch erhält der Schaumwein einen sehr komplexen Geschmack (Aromen von Brioche, Toast, Haselnüssen sowie buttrige Noten), aber auch ein angenehmes Mundgefühl, da die Kohlensäurebläschen sehr fein und zart geraten.

Je länger der Schaumwein in der Flasche auf der Hefe lagert, desto besser die Qualität. Bei den Topmarken (Prestige Cuvées) der Champagnerhäuser, zum Beispiel Dom Pérignon, kann die Lagerzeit sechs Jahre und mehr dauern. Wenn Sie die Gelegenheit haben, sollten Sie einmal ein berühmtes Schaumweinhaus besuchen, am besten natürlich in der Champagne selbst. Sehr beeindruckend sind die Kreidekeller von Taittinger.

Ebenfalls in klassischer Flaschengärung entstehen der Crémant – eine Bezeichnung für französische Schaumweine, die außerhalb der Champagne nach der traditionellen Methode hergestellt werden – sowie der spanische Cava.

Hefelager schön und gut, aber mittrinken möchte man die Hefe ja nicht. Also muss sie raus aus der Flasche. Lagert der Schaumwein in Drucktanks, wird die Hefe einfach herausgefiltert. Bei einer einzelnen Flasche gestaltet sich dieser Vorgang etwas aufwendiger. Die bis dahin waagerecht liegenden Flaschen werden nach und nach auf den Kopf gestellt und jedes Mal leicht geschüttelt, damit sich die Hefe im Flaschenhals sammelt. Danach werden sie kopfüber in ein Salz-Eisbad getaucht und anschließend aufrecht hingestellt, um den Kronkorken zu entfernen. Da die Flasche unter Druck steht, fliegt der gefrorene Hefepfropfen sauber aus der Flasche. Diesen Vorgang nennt man Degorgieren.

Beim Herausschießen der Hefe sprudelt auch etwas Schaumwein mit heraus, wodurch ein leichter Schwund entsteht. Das ist nicht weiter schlimm, er wird mit etwas gesüßtem Wein (Dosage) wieder aufgefüllt. Ohne diese kleine Zugabe von Süße würde den meisten von uns der Schaumwein nicht schmecken. Wer dennoch einen knochentrockenen Schaumwein vorzieht, sollte einmal einen »brut nature« bzw. »dosage zéro« ausprobieren. Dieser Schaumweintyp schmeckt ganz und gar pur und ist besonders erfrischend. Aber auch die sanfteren Typen mit der Bezeichnung »brut« schmecken wunderbar. Auf deutschen Sektflaschen steht häufig »trocken«, der Sekt schmeckt dann aber doch recht süß. Das kommt daher, dass ein als trocken bezeichneter Sekt bis zu 35 g/l Süße hat, ein Brut dagegen maximal 15 g/l.

Nach dem Hinzufügen der Dosage kommt der traditionelle pilzförmige Korken auf die Flasche und wird mit einem Drahtgestell (Agraffe) gesichert. Und fertig ist der Schaumwein in klassischer Flaschengärung, die in der Champagne »méthode champenoise« heißt.

Schaumweine sind grundsätzlich genussfertig, sobald sie auf den Markt kommen, und müssen nicht weiter gelagert werden. Die meisten Schaumweine haben zwischen 11 und 12 % Vol. Alkohol.

ALKOHOLANGEREICHERTER WEIN

Sherry und Portwein sind die bekanntesten Vertreter unter den alkoholangereicherten Weinen. Man kann sie auch »verstärkte« oder »aufgespritete« Weine nennen. Der Sherry stammt aus Andalusien im Südwesten Spaniens, der Portwein aus dem Dou4rotal im Norden Portugals. Diese Weine sind unbedingt entdeckenswert, auch wenn sie heutzutage leider wenig Beachtung finden.

Wie der Begriff Aufspriten bereits sagt, wird den Weinen Sprit – in diesem Fall Branntwein – zugesetzt, was ihren Alkohol-gehalt erhöht. Er kann von 15 bis 22 % Vol. reichen. Beim Sherry wird der reine Alkohol erst nach der Gärung, beim Portwein bereits während der Gärung zugesetzt. Daraus ergeben sich zwei völlig verschiedene Stile. Der eine ist in seiner Grundform trocken (Sherry), der andere eher fruchtig (Portwein).

Der trockene Sherry wird Fino genannt und traditionell gut gekühlt als Aperitif getrunken. Er ist fast wie ein klassischer Weißwein, hätte er nicht um die 15 % Vol. Alkohol. Die bräunlichen und dunkelbraunen Sherrys sind unter dem Namen Amontillado oder Oloroso bekannt. In ihrer Grundform sind sie zwar auch trocken, doch für uns Konsumenten werden sie etwas nachgesüßt. Sie sollten ebenfalls leicht gekühlt eher zum Dessert oder nach dem Essen genossen werden.

Ruby heißt der bekannteste rote Portwein, benannt nach seiner rubinroten Farbe. Er hat einen herrlich frischen und fruchtigen Geschmack. Die länger im Fass gereifte Variante, der Tawny (nach seiner Farbe Orange benannt), ist etwas gediegener und kann zu Käse oder Dörrobst genossen werden. Die Königsklasse unter den Portweinen ist der Vintage Port. Er wird nur in absoluten Spitzenjahren hergestellt. Nach kurzer Fasslagerung wird er in Flaschen gefüllt, um dann eine halbe Ewigkeit auf seinen idealen Trinkzeitpunkt hinzureifen. Ein Jahrzehnt sollte man ihm schon zugestehen, um etwas Milde zu erlangen.

ÜBERBLICK ÜBER DIE WEINANBAUGEBIETE

Wo wachsen eigentlich die Trauben, die zu köstlichem Wein werden? Nun, Weintrauben sind überall dort zu finden, wo es angenehm warm ist. Die Weinstöcke mögen es nicht zu kalt und nicht zu warm, sie verschmähen die Extreme. Daher wird Weinbau in der gemäßigten Klimazone betrieben. Diese befindet sich zwischen dem 30. und 50. Breitengrad nördlicher wie südlicher Hemisphäre.

Unter idealen Bedingungen benötigt eine Weintraube von der Blüte bis zur reifen Beere ungefähr 100 Tage. Ideale Bedingungen bedeutet, dass die Trauben langsam und gleichmäßig reifen können. Dabei sollen sie nicht nur ausreichend Zucker aufbauen, sondern auch möglichst viel Aroma ausbilden. Am Anfang ihrer Reifeperiode hat die Traube viel Säure und wenig Zucker. Mit zunehmender Reifezeit nimmt der Zuckergehalt zu und der Säuregehalt ab. Würde man die Trauben ernten, bevor sie ausgereift sind, würden die

Beeren sauer schmecken. Ähnlich wäre es in Regionen, die für den Weinbau zu kühl sind. Aus diesem Grund werden Reben nicht nördlich bzw. südlich des 50. Breitengrades gepflanzt, jedenfalls nicht, wenn daraus Wein bereitet werden soll. Eine Weinrebe, die zur Dekoration an einer Hauswand emporrankt, kann auch in kühleren Regionen gedeihen.

Südlich bzw. nördlich des 30. Breitengrades wäre das Klima wiederum zu heiß. Die Trauben würden zwar sehr schnell Zucker aufbauen, aber demgegenüber zu wenig Säure bewahren. Der Wein hätte einen sehr hohen Alkoholgehalt, jedoch gleichzeitig zu wenig Aroma und Säure. Er würde breit und alkoholisch (brandig) schmecken.

Daraus ergibt sich eine einleuchtende Gliederung:

⏶ Kühleres Klima steht eher für leichte Weißweine mit knackiger Säure

Warmes Klima steht eher für kräftige Rotweine mit höherem Alkoholgehalt und ausgeprägten Tanninen

WO ALLES BEGANN

Im Gebiet des heutigen Georgien wurden bei Ausgrabungen Traubenkerne gefunden, die auf mindestens 5.000 v. Chr. zurückzudatieren waren und von kultivierten Weinreben stammen mussten. Sie sind somit die ältesten gefundenen Nachweise für gezielt betriebenen Weinbau. Über verschiedene Kulturen eroberte die Weinrebe Land um Land. Überall dort, wo sie sich klimatisch wohlfühlte, wurde sie heimisch.

ALTE WELT VERSUS NEUE WELT

Zur Alten Weinwelt gehören die Anbaugebiete Europas. Sie können auf mindestens

KLIMAZONEN FÜR WEINBAU

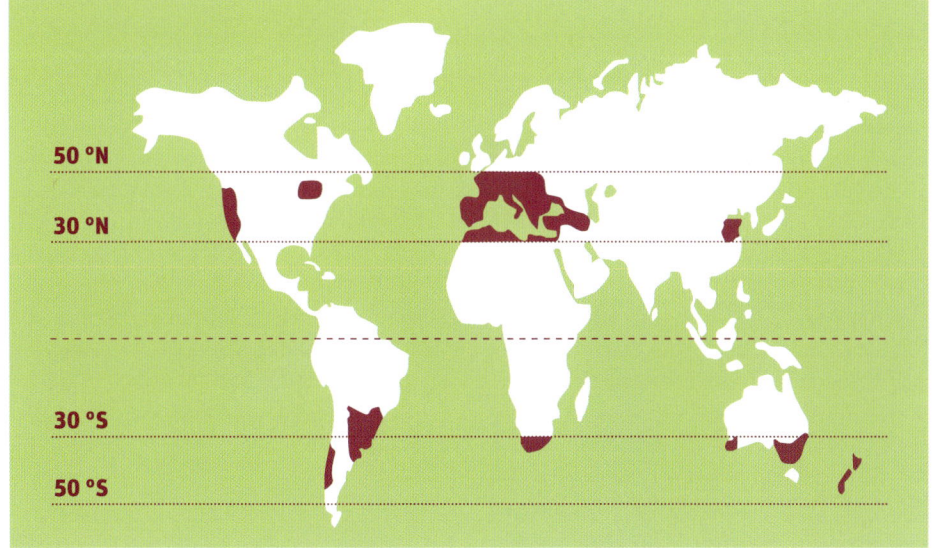

2.000 Jahre Weinbaugeschichte zurückblicken. Großen Einfluss auf die Entwicklungen im Weinbau hatte die Kirche. In fast allen klassischen Anbaugebieten war ein Kloster – oft von Zisterziensermönchen geführt – maßgeblich für die Weiterentwicklung des Weinbaus verantwortlich. Zur Feier der heiligen Messe wurde Messwein gebraucht. Bevor nun der Wein über weite Strecken transportiert werden musste, schauten die Klöster vor Ort, ob sie nicht selbst Weinreben kultivieren konnten, um ihren eigenen Messwein herzustellen. Immer wieder wurde von den Kirchenbrüdern emsig überprüft, welche Rebsorte sich auf welchem Boden am besten entfalten konnte.

Bereits Mitte des 17. Jahrhunderts pflanzte ein Holländer die ersten Reben in Südafrika. Im 18. Jahrhundert fanden dann europäische Reben den Weg nach Nord-und Südamerika, später auch nach Australien und Neuseeland. Alle diese Länder zählen zu den Weinländern der Neuen Welt.

Mindestens 2.000 Jahre versus 300 Jahre Weinbaugeschichte – daraus ergeben sich schmeckbare Unterschiede. Während in der Alten Welt eine Vielzahl verschiedener Rebsorten angebaut wird, sind es in der Neuen Welt vor allem die bekannten internationalen Sorten wie Chardonnay oder Merlot. In der Alten Welt hat fast jedes Weinland ein eigenes Weingesetz, verschiedene Klassifikationen, eigene Herkunftsbezeichnungen und mehr oder weniger verständliche Lageneinteilungen. Zudem sind die Weine häufig nach der Region benannt, aus der sie stammen, zum Beispiel Barolo. Für uns Verbraucher ist das alles sehr kompliziert. Die Neue Welt dagegen erschließt sich uns scheinbar schneller und wirkt sehr viel unkomplizierter, auch im Stil ihrer Weine. Beide Weinwelten haben voneinander profitiert und sich weiterentwickelt.

DIE WEINLÄNDER DER ALTEN WELT

Die Platzhirsche in den Regalen sind die Weine aus Frankreich, Italien und Spanien. Mit über einer Million Hektar Rebfläche ist Spanien das größte Anbauland der Welt. In der Weinproduktion steht es an dritter Stelle. Frankreich ist das zweitgrößte Anbauland und hat die größte Weinproduktion weltweit, dicht gefolgt von Italien, dem drittgrößten Anbauland und an Platz zwei in der Produktion.

Seit jeher bringt Frankreich Weine von Weltruf hervor. Vor allem die Anbaugebiete Burgund, Bordeaux und Champagne sind berühmt für erlesenste Gewächse. Unter den

Blick auf den Pfälzerwald. Die Pfalz ist das zweitgrößte und eines der bedeutendsten Weinanbaugebiete in Deutschland.

italienischen Rotweinen sind vor allem Barolo und Barbaresco, Amarone, Chianti Classico und Brunello di Montalcino besonders hervorzuheben. Spanien ist nach wie vor für seine Riojaweine bekannt und geschätzt.

Warum hat Spanien die größte Rebfläche, aber eine kleinere Produktion als Frankreich und Italien? Spanien liegt von den drei Ländern am südlichsten. Demnach ist es dort wärmer, verbunden mit geringerem Wasservorkommen. Das bedeutet für den Weinbau, dass pro Hektar Anbaufläche weniger Reben gepflanzt werden. La Mancha zum Beispiel ist ein großes Anbaugebiet im Herzen Spaniens. Dort stehen etwa 2.500 Reben pro Hektar. In Bordeaux, dem berühmten Weinbaugebiet am Fluss Gironde im Westen Frankreichs, stehen bis zu 10.000 Reben pro Hektar. Daraus ergeben sich die deutlichen Unterschiede im Ertrag.

Die Nebenbuhler

Neben Spanien ist auch Portugal ein Weinland mit langer Tradition und großem eigenem Rebsortenschatz. Der bekannteste Wein aus Portugal ist der Portwein, doch inzwischen kommen aus dem Dourotal auch sehr schöne Stillweine.

Deutschland und Österreich als nördliche Anbauländer sind zwar nicht so groß, haben aber Weine zu bieten, die international sehr gefragt sind. In Deutschland ist der Riesling die wichtigste Rebsorte, in Österreich sind der Grüne Veltliner und der Zweigelt besonders hervorzuheben.

Die östlichen Anbauländer wie Ungarn, Rumänien, Bulgarien, Slowenien und Kroatien haben ebenfalls eine sehr lange Weinbaukultur. Allerdings haben sie es schwer, ihre Weine im internationalen Markt zu platzieren. Es sind meistens Weine aus lokalen Rebsorten, die sehr schwierig zu vermarkten sind. Oder haben Sie schon mal von Kékfrankos gehört? So heißt die Rebsorte Blaufränkisch in Ungarn.

Auch die Schweiz ist ein Anbauland mit langer Tradition. Die Weine sind bemerkenswert, was aber uns Weinliebhabern nicht viel bringt, da die Schweizer fast all ihren Wein selbst trinken und nur einen homöopathischen Anteil davon exportieren. Genau diese Weine sind dann leider auch meistens wenig spektakulär.

In der Türkei stehen zwar viele Weinreben, aber nur aus knapp fünf Prozent davon wird Wein erzeugt. Obwohl der Weinbau, jedenfalls im christlichen Sinn, seinen Ursprung am Berg Ararat hatte (dort ist Noah mit seiner Arche gelandet und hat die ersten Weinreben gepflanzt), befindet sich die Weinproduktion heute im Schlafmodus.

Griechenland hat eine der längsten Weinbautraditionen in Europa. Viele verbinden mit griechischem Wein Retsina und billigen

Samos. Die wenigsten wissen, dass Griechenland einen großen Rebsortenschatz besitzt, aus dem tolle Weiß- und Rotweine mit Charakter entstehen. Aber leider sind die Griechen nicht die besten Marketingspezialisten. Was nützt das Potenzial, wenn niemand davon weiß?

DIE WEINLÄNDER DER NEUEN WELT

In den USA ist Kalifornien das größte und bedeutendste Anbaugebiet, Zinfandel seine wichtigste rote Rebsorte. In den wärmeren Lagen gedeiht aber auch Cabernet Sauvignon, in den kühleren Regionen wachsen Chardonnay und Pinot noir. Auch in Oregon wird Pinot noir angebaut, während Washington State aromatische Weißweine wie Gewürztraminer zu bieten hat. Weniger bekannt ist, dass auch in Kanada Wein produziert wird.

Chile und Argentinien sind die wichtigsten Anbauländer Südamerikas, ihre Weine sind international sehr gefragt. Die klimatischen Bedingungen in den beiden Ländern sind für den Weinbau geradezu ideal. Argentinien steht für den kräftigen roten Malbec, Chile für sehr bemerkenswerten roten Cabernet Sauvignon und Carmenère. Auch Uruguay und Brasilien produzieren Wein, ebenso Mexiko.

In Südafrika geht der Weinbau seit dem Ende der Apartheid förmlich durch die Decke. Die Weine sind populär und im Stil den europäischen am ähnlichsten. Die rote Rebsorte Pinotage ist ausschließlich in der Kapgegend zu finden.

In fast allen Weinregionen Australiens ist es sehr heiß. Daher sind leichte Weine hier eher die Ausnahme. Unter den roten Rebsorten ist Shiraz international am meisten gefragt. Die Australier sind die Vorreiter der ultramodernen Weinbereitung, viele technische Neuerungen kommen von dort. In Neuseeland wird auf der Nord- und der Südinsel erfolgreich Weinbau betrieben. Zwei Rebsorten sind hier besonders hervorzuheben: Sauvignon blanc und Pinot noir.

Im asiatischen Raum hat die Rebfläche Chinas, das zu einem sehr großen Teil in der gemäßigten Klimazone liegt, in den letzten Jahren am schnellsten zugenommen. Wir dürfen also damit rechnen, dass in Zukunft noch einiges aus diesem Land zu erwarten ist. Auch Thailand, Indien und Japan betreiben Weinbau.

Sie sehen – es gibt viel zu entdecken!

KLEINE REBSORTENKUNDE

Alle Rebsorten, aus denen Wein gemacht wird, stammen von der Spezies *Vitis vinifera* ab. Ihr gehören rund 10.000 verschiedene Rebsorten an. Die gute Nachricht ist: Nur knapp 2.000 davon werden kultiviert. Doch auch diese Zahl erscheint noch ziemlich hoch. Deshalb vereinfachen wir die Sache noch ein wenig mehr: International wirklich von Bedeutung sind nur ungefähr 20 rote und weiße Sorten.

Jede Rebsorte verleiht dem Wein einen ganz eigenen Charakter. Doch worin unterscheiden sich die einzelnen Sorten?

- im Aroma
- im Säuregehalt
- in der Größe der Beeren und der Dicke der Schale; je größer die Beere, desto mehr Wasser enthält sie, je dicker die Schale, desto höher ist der Tanningehalt (bei roten Sorten). Demnach ergibt eine

kleinbeerige, dickschalige Rebsorte einen deutlich kräftigeren Rotwein als eine großbeerige, dünnschalige Sorte.

RIESLING MAG'S COOL, SHIRAZ HOT

Aus den genannten Eigenschaften ergeben sich schon fast zwangsläufig die Anbaugebiete für die jeweilige Rebsorte. Käme ein Australier auf die Idee, im heißen Hunter Valley Riesling anzupflanzen, würde uns der daraus erzeugte Wein ganz bestimmt nicht schmecken. Riesling will langsam und gleichmäßig ausreifen, um viel Aroma bilden zu können. Vor allem aber benötigt er kühle Nächte, um seine Säure zu bewahren. Am besten ist er daher in den Steillagen deutscher Anbaugebiete aufgehoben, etwa an der Mosel oder im Rheingau. Andersherum könnte Shiraz in sehr nördlichen Lagen nicht ausreifen. Vielleicht wäre der Zucker-gehalt ausreichend, doch das Aroma wäre zu schwach und die Gerbstoffe nicht ausgereift. Es entstünde kein harmonischer und vor allem kein rebsortentypischer Wein.

DIE WELTSTARS

Was bedeutet der Begriff »international« bei Rebsorten? Jede Rebsorte hat eine Heimat, ihr eigentliches Ursprungsgebiet. Dieses muss nicht weiter von Bedeutung sein, wichtiger ist der »ständige Wohnsitz«, das sogenannte Referenzgebiet. Bei der Chardonnay-Rebe zum Beispiel wäre dies das Anbaugebiet Burgund in Frankreich. Rebsorten können aber auch einen »Zweit-wohnsitz« haben. Im Fall von Chardonnay wäre dies die Champagne, wo diese Sorte ebenfalls zu Hause ist und als eine der klas-sischen Champagnersorten ganz hervor-ragende Qualitäten ergibt. Und schließlich unternehmen die Rebsorten hin und wieder Reisen in andere Teile der Weinwelt, wo sie dann ebenfalls angebaut werden.

DIE KLEINKÜNSTLER

Auf der Weltbühne der Rebsorten kann es aber nicht nur Stars wie Chardonnay, Ca-bernet oder Riesling geben. Da ist auch Platz für zahlreiche weniger bekannte oder gar unbekannte Akteure, die ihre Rollen auf kleinen Bühnen spielen – aber deswegen nicht weniger interessant sind. Viele lokale Rebsorten werden oft nur in einem einzigen Gebiet angebaut, sei es in Südtirol die rote Sorte Lagrein oder im Piemont die weiße Sorte Arneis. Sie bringen Würze und Vielfalt in die Weinwelt. Rebsorten, die nur in einem einzigen Gebiet vorkommen, nennt man in der Fachsprache autochthone Sorten.

Beginnen Sie mit den internationalen Reb-sorten, um sich die Weinwelt zu erschließen. Wenn Sie einige davon kennengelernt haben, lassen sich schneller Vergleiche ziehen. Am Anfang ist das Raster der Verkostungs-eindrücke recht grob. Je mehr Sie verkosten, desto feinmaschiger wird es.

Um Ihnen einen ersten Überblick zu ge-ben, habe ich in den Tabellen auf den Seiten 24 und 25 die meines Erachtens wichtigsten weißen und roten Rebsorten aufgeführt. Zu jeder Rebsorte nenne ich die bedeutendsten Anbauländer und Anbaugebiete.

WER HAT DAS ZEUG ZUM ALTERN?

Unter Weinliebhabern hört man immer wieder die Bemerkung: »Ja, der Wein hat Potenzial!« Klingt ziemlich hochtrabend, aber was bedeutet es? Wie bereits erwähnt, sind mindestens 90 Prozent aller Weine auf

WEISSE REBSORTEN

REBSORTE	ANBAULAND	ANBAUGEBIET
Riesling	Deutschland	Mosel, Rheingau, Nahe, Pfalz, Rheinhessen
	Österreich	Wachau
	Frankreich	Elsass
Grauburgunder	Deutschland	Pfalz, Baden
Pinot grigio	Italien	Südtirol
Weißburgunder	Deutschland	Pfalz, Baden
Pinot blanc	Frankreich	Elsass
Silvaner	Deutschland	Franken, Rheinhessen
Grüner Veltliner	Österreich	Wachau, Kamptal, Wagram
Muscat	Frankreich	Rhône
Muskateller	Deutschland	Baden
Moscato	Italien	Piemont
Sauvignon blanc	Frankreich	Loire
	Neuseeland	Marlborough
Chardonnay	Frankreich	Burgund
	Italien	Südtirol
	USA/Kalifornien	Carneros
Chenin blanc	Frankreich	Loire
Verdejo	Spanien	Rueda
Albariño	Spanien	Rías Baixas

dem Markt für den Sofortkonsum gedacht. Sie schmecken in ihrer Jugend einfach am besten. Weißweine sollten im Schnitt nicht älter als zwei Jahre werden, bei den Rotweinen kann es ein Jahr mehr sein. Nun gibt es aber auch Rebsorten, die genetisch so fit sind, dass daraus sehr lagerfähige Weine erzeugt werden können. Sie werden sogar als Edelrebsorten bezeichnet! Dazu gehören bei den weißen Sorten Riesling und Chardonnay, bei den roten Pinot noir und Cabernet Sauvignon. Sie sind die Stars unter den Rebsorten, sozusagen die vier Spitzenläufer. Daneben gibt es noch einige weitere, welche die Ausdauer eines Langstreckenläufers haben, aber eben nicht zu den edlen gehören,

ROTE REBSORTEN

REBSORTE	ANBAULAND	ANBAUGEBIET
Pinot noir	Frankreich	Burgund
	Neuseeland	Central Otago
Spätburgunder	Deutschland	Baden, Pfalz, Ahr
Pinot nero	Italien	Südtirol
Merlot	Frankreich	Bordeaux
Cabernet Sauvignon	Frankreich	Bordeaux
	Chile	Maule, Rapel Valley
Syrah	Frankreich	Rhône
Shiraz	Australien	Barossa Valley, McLaren Vale
Grenache	Frankreich	Rhône
Garnacha	Spanien	Navarra, Somontano, Penedès
Malbec	Frankreich	Cahors
	Argentinien	Mendoza
Blaufränkisch	Österreich	Burgenland, Carnuntum
Lemberger	Deutschland	Württemberg
Zweigelt	Österreich	Burgenland, Carnuntum
Nebbiolo	Italien	Piemont
Sangiovese	Italien	Toskana
Brunello		
Tempranillo	Spanien	Rioja, Ribera del Duero

etwa die roten Sorten Brunello aus Italien oder Touriga nacional aus Portugal.

Wenn ein Wein mindestens fünf Jahre lagern kann und in dieser Zeit seinen Geschmack abrundet, kann von Potenzial gesprochen werden. Für die lange Lagerzeit müssen die Weine ihren Rucksack gut gepackt haben. Rotweine sollten eine ordent-

liche Portion Frucht, aber auch genügend Gerbstoffe dabei haben. Bei den Weißweinen muss der Rucksack viel Aroma (in der Weinsprache heißt das Fruchtextrakt) enthalten, dazu eine vitale Säure, die den Wein über die ganze Strecke fit hält, und vor allem Süße. So ausgestattet können Weine Jahrzehnte unterwegs sein, ohne zu ermüden.

DIE BEDEUTUNG DER HERKUNFT

Stellen Sie sich folgende Situation vor: Sie sind mit Kollegen bei einem Geschäftsessen. Da Sie sich nicht (noch nicht) darum reißen, den Wein auszusuchen, übernimmt ein Kollege den Part. Er wählt einen 2009er Riesling Spätlese trocken aus der Einzellage Bremmer Calmont an der Mosel aus. Der Wein wird eingeschenkt und ihr Kollege beginnt ihn zu beschreiben: »Ja, sehr typisch, seine Mineralität ist ganz wunderbar, er bekommt dadurch so eine tolle Frische, und die Säure – perfekt!« Dann erwähnt er noch, welche Aromen er riechen und schmecken kann.

Sie fragen sich: Was erzählt er da eigentlich? Mineralität? Sind da Mineralien im Wein? Nach dem ersten Schluck denken Sie vielleicht: Okay, Rieslinge habe ich auch schon probiert, aber so wie dieser hat noch keiner geschmeckt. Auch wenn Sie das mit der Mineralität noch nicht so richtig nachvollziehen können, spüren Sie doch eine angenehme Frische, fast schon Leichtigkeit im Wein. Ist Herkunft also schmeckbar?

Ja, Herkunft ist schmeckbar! Es braucht allerdings etwas Zeit und vor allem viele verkostete Weine, um diesem faszinierenden Phänomen auf die Spur zu kommen. Im Folgenden möchte ich etwas näher einkreisen, was die Herkunft schmeckbar macht.

TERROIR – DAS FRANZÖSISCHE ZAUBERWORT

Die Franzosen haben der besonderen Herkunft einen Namen gegeben: Terroir. Immer wenn Sie mit Weinkennern Wein trinken, werden Sie dieses Wort hören. »Der Wein ist besonders terroirbetont« oder »das ist ein toller Terroirwein«. Auf einen einfachen Nenner gebracht, bedeutet Terroir das Zusammenspiel zwischen Rebsorte, Klima und Boden. Doch was sich so einfach dahersagt, ist in der

Weinbaupraxis eine sehr komplexe Angelegenheit. Wie also entsteht ein Terroirwein?

Wir wissen bereits, dass Weinbau nur zwischen dem 30. und 50. Breitengrad möglich ist (siehe Seite 16 f.). Da aber in der gemäßigten Klimazone nicht ausschließlich Reben kultiviert werden, muss eine Lage, in der ein Weinberg angelegt werden soll, einige Grundvoraussetzungen erfüllen:

- ausreichend Niederschlag
  (für die Wasserversorgung der Rebe)
- ausreichend Sonnenstunden
  (für Wachstum und Reife)
- ausreichend direktes Licht
  (für die Fotosynthese)

DIE REBSORTE

Nur wenige Rebsorten sind in der Lage, ihre Herkunft im Geschmack widerzuspiegeln. Eine davon ist wiederum der Riesling. Damit die Herkunft schmeckbar wird, sind ein paar Gegebenheiten notwendig, die nur die Natur bieten kann. Dem Winzer kommt lediglich die Rolle des »Übersetzers« zu. Deshalb heißt eine der wichtigsten Botschaften: Die Qualität eines Weins wird im Weinberg festgelegt – nicht im Weinkeller! Der Winzer kann aus schlechtem Traubengut keinen außergewöhnlichen Wein machen (andersherum tragischerweise schon).

DAS KLIMA

Makroklima, Mesoklima und Mikroklima – haben wir alles schon gehört (Erdkundeunterricht 8. Klasse). Aber wie war das noch mal? Keine Angst, ich werde mich kurz fassen. Mit Makroklima bezeichnet man das Klima eines sehr großen Bereichs, zum Beispiel von ganz Deutschland. Das Mesoklima ist das Klima ganzer Landstriche über maximal einige 100 Kilometer, etwa des Weinanbaugebiets Mosel. Das Mikroklima beschränkt sich auf wenige Hektar (manchmal sogar nur auf ein paar Meter), zum Beispiel auf die Einzellage Bremmer Calmont und davon auch wieder nur einen bestimmten kleinen Teil.

Kommt also ein Wein aus einer Einzellage, die nur einige Hektar groß ist, herrscht mitunter ein und dasselbe Mikroklima in der gesamten Einzellage. Das macht den Wiedererkennungswert des Weins zu einem großen Teil aus. Bei einem Wein aus einem ganzen Anbaugebiet dagegen vermischen sich mehrere Mesoklimata. Die nähere Herkunft kann nicht mehr eindeutig erschmeckt werden. Ein Qualitätswein eines bestimmten Anbaugebiets kann aus Trauben des gesamten Gebiets hergestellt werden. Im Fall der Mosel sind das 9.000 Hektar Rebfläche. Ein Qualitätswein aus einer Einzellage wie dem Bremmer Calmont stammt aus einem Gebiet von knapp 30 Hektar.

DER BODEN

Das dritte wichtige Puzzleteil des Terroirs neben Rebsorte und Klima ist der Boden. Er hat am meisten zu erzählen. Seine Zusammensetzung erklärt sich durch seine Entstehungsgeschichte.

Generell mag die Rebe eher karge Böden, die einen guten Wasserabzug (Drainage) haben. Wenn es regnet, sollte das Wasser so schnell wie möglich in tiefe Erdschichten abfließen und sich nicht im oberen Bodenbereich stauen. Solche Böden begünstigen die Ausbildung der Rebenwurzeln bis in tiefe Erdschichten. Je älter die Rebe und je besser die Drainage, desto komplexer und je nachdem auch mineralischer ist der Wein. Die Wurzel nimmt aus verschiedenen Erdschichten Mineralien und Nährstoffe auf, die sich wiederrum als Geschmacksbestandteil im späteren Wein wiederfinden können.

Neben einer guten Drainage ist vor allem der Bodentyp entscheidend. Besteht der Boden aus Schiefer oder aus Kalk? Aus Meeresablagerungen? Aus Löss, Mergel oder Keuper? Es ist fast wie bei uns Menschen – die Chemie muss stimmen. Boden und Rebsorte müssen zueinander passen. Unser Riesling liebt den Schiefer und ist, wie bereits erwähnt, eine der wenigen Rebsorten, die auf einzigartige Weise in der Lage sind, ihre Herkunft geschmacklich widerzuspiegeln.

FÜNF-STERNE-DELUXE-LAGEN

Drei Sterne – ausreichend Niederschlag, Sonnenstunden, Licht – sind Standard. Es gibt aber noch zusätzliche Faktoren, die eine Lage erst zur Toplage machen: Gewässernähe (See oder Fluss), Hanglage (Terrassenlage, Steillage) mit optimaler Ausrichtung des Weinbergs sowie Höhenlage.

- Gewässernähe: Ein Gewässer gibt die während des Tages gespeicherte Wärme in der Nacht wieder an den Weinberg ab und schützt ihn so vor niedrigen Temperaturen.
- Hanglage: Die Sonnenstrahlen treffen in einem günstigen Winkel auf den Weinberg, sodass der Rebstock auch bei niedrigem Sonnenstand mehr Sonne abbekommt. Vor allem in kühleren Gebieten können die Trauben von optimal ausgerichteten Lagen profitieren.
- Höhenlage: In heißen Gebieten wie Kalifornien oder Australien macht es Sinn, die Reben in möglichst großer Höhe zu pflanzen. Je höher, desto kühler – und desto langsamer die Reifephase der Trauben. Die mit 3.111 Metern höchsten Weinberge der Welt liegen im Norden Argentiniens.

Fassen wir nun mal alles zusammen, und zwar am Beispiel der Einzellage Bremmer

Calmont: Die Steillage liegt an der Mosel, einem der wichtigsten Anbaugebiete für die Rebsorte Riesling. Der Bremmer Calmont ist zu 100 Prozent mit Riesling bepflanzt. Es ist eine Südsüdwestlage, das heißt, sie genießt optimale Sonneneinstrahlung. Der Boden besteht vorwiegend aus Schiefer. Es ist ein karger Boden, das Wasser läuft schnell ab. Der Weinberg hat bis zu 70 Prozent (!) Neigung, das bedeutet wenig Ertrag und ausschließlich Handarbeit. Die Lage befindet sich an der engsten Moselschleife, also in Gewässernähe. Wie bereits Goethe auf einer seiner Weintouren an die Mosel erkannte: Der Bremmer Calmont sieht aus wie ein natürliches Amphitheater. Das schmeckbare Ergebnis all dieser Vorzüge ist ein herkunftstypischer Riesling.

DAS GEGENTEIL VON TERROIR

Am anderen Ende der Skala befinden sich Weine, die im besten Fall nach der Rebsorte oder den Rebsorten schmecken, aus denen sie gemacht wurden. Ein krasses Beispiel sind die sogenannten Multi-Distrikt-Weine aus Australien. Die verwendeten Trauben stammen aus vielen verschiedenen Gebieten, die nicht mal eben um die Ecke liegen. Oft wird das Lesegut in Kühltransporten von der Westküste zur Ostküste gefahren. So ergeben sich fast unvorstellbare Mengen an Trauben, die zu Wein verarbeitet werden.

Die Produktionsstätten sehen nicht selten eher wie Raffinerien als wie Weingüter aus.

Solche Weine schmecken eindimensional, was je nachdem ausreichend sein kann. Gerade am Anfang ist ein Multi-District-Blend durchaus geeignet, um eine Rebsorte seines persönlichen Geschmacks zu finden. Wenn Sie dagegen viel Aroma im Glas haben möchten, sollten Sie die Kreise immer enger ziehen und Weine vom Multi-District-Blend bis hin zu einer Einzellage probieren. Die Weine werden zunehmend komplexer, markanter und unverwechselbarer schmecken.

DIE DIN-NORM IM WEIN – DIE HERKUNFTSBEZEICHNUNGEN

Viele Weinländer haben ihr eigenes Weingesetz. Darin sind sehr häufig auch geschützte Herkunftsbezeichnungen in mehreren Abstufungen verankert. In Frankreich zum Beispiel heißt diese Bezeichnung AOP (Appellation d'Origine Protégée), früher AOC (Appellation d'Origine Contrôlée). Eine Herkunftsbezeichnung wird für ein bestimmtes Gebiet oder eine bestimmte Lage vergeben. Für diese Herkunft gelten dann genaue Regeln, etwa welche Rebsorte gepflanzt und wie viel Ertrag geerntet werden darf. Je höher die Stufe der Herkunftsbezeichnung, desto strenger sind die Regeln. In jedem Fall sollten die Weine herkunftstypisch schmecken.

DER EINFLUSS DES WINZERS

Er trinkt selbst gerne Wein. Er liebt die Natur und die Abwechslung. Er scheut harte Arbeit nicht und hat Lust, ab und zu mit Kunden und Gästen Wein zu verkosten. Diese knappe Jobbeschreibung trifft sicherlich noch immer auf einen Teil der Winzer zu. Inzwischen hat sich deren Tätigkeitsfeld allerdings gewandelt.

Heute gibt es nicht mehr nur das Weingut, wo der Winzer ein paar Hektar bewirtschaftet und persönlich im Weinberg und im Keller steht. Die Dimensionen sind vielfältiger geworden. Neben dem Winzer, der sein Handwerk von Grund auf gelernt hat, gibt es auch den Önologen, der sich sein Wissen über Weinbau und Weinbereitung in einem Önologiestudium angeeignet hat. Er befasst sich mit Chemie, Biologie, Physik, Geologie, Topografie und Geografie. Das soll nicht heißen, dass der Winzer von diesen Dingen nichts versteht, aber in seiner eigenen Ausbildung haben sie nicht denselben Stellenwert.

In größeren Betrieben ist es heute üblich, dass es einen Winzer gibt, der die Weinberge betreut, und einen Kellermeister, der das Zepter übernimmt, sobald die Trauben in den Keller kommen. Beide arbeiten Hand in Hand und kommunizieren fortwährend miteinander. Sie treffen gemeinsam Entscheidungen, die Auswirkungen auf die spätere Weinqualität haben.

In Betrieben der Neuen Welt gibt es oft einerseits den Winemaker, der den Wein bereitet, und andererseits den Grapegrower, der die Trauben anbaut. Häufig besitzt der Winemaker gar keine eigenen Weinberge, sondern kauft jedes Jahr die Trauben, die er für seine Weine braucht, vom Grapegrower. Als ich auf einem Weingut in Kalifornien diese Konstellation kennenlernte, brach mein bisheriges Bild vom Winzer komplett zusammen. Dem dortigen Winzer war das Terroir weniger wichtig, als ich es bisher für notwendig erachtet hatte. Aber auch dieses Vorgehen führte zum gewünschten Ergebnis. Da bei dieser Art der Arbeitsteilung der Winemaker nur nach der Lese für ein paar Monate ständig in seinem Weingut anwesend sein muss, hat er während der zweiten Jahreshälfte Zeit, auf der anderen Erdhalbkugel noch ein weiteres Weingut zu betreiben (dank entgegengesetztem Jahreszeitenverlauf hat die nördliche Halbkugel Sommer, wenn auf der südlichen Winter ist).

Es kann aber auch sein, dass ich meinen eigenen Wein haben möchte, aber kein Winzer bin und kein eigenes Weingut besitze. Ich habe dann die Möglichkeit, den Wein von einer ausgewählten »Produktionsstätte für Wein« (also einer Art Lohnunternehmen) für mich herstellen zu lassen. Oder ich habe vielleicht als Quereinsteiger ein Weingut gekauft und engagiere zur Unterstützung bei anstehenden Entscheidungen einen sogenannten »Flying Winemaker«. Das ist für mich der Traumberuf schlechthin. Der Flying Winemaker ist ein beratender Önologe (oder eine Önologin), dessen Kunden oft in der ganzen Welt verstreut sind. Wie der Name schon sagt, jettet er von Weingut zu Weingut, um dort zu helfen, wo er gerade gebraucht wird.

Nicht jeder Weingutsbesitzer muss in die Abläufe auf seinem Weingut involviert sein. Dafür steht ihm ein professionelles Team zur Verfügung. Viele Prominente haben heutzutage ihr eigenes Weingut. So gehört etwa das Weingut von Othegraven Günther Jauch, Château Miraval Angelina Joli und Brad Pitt, Puro in Mendoza, Argentinien Dieter Meier von Yello, um nur ein paar zu nennen.

Alle beschriebenen Formen der Bewirtschaftung haben ein gemeinsames Ziel: Am Ende kommt hoffentlich ein Wein heraus, den wir mögen. Ich bin jedoch der festen Überzeugung: Je weiter der Weinerzeuger von der Basis – dem Weinberg – entfernt ist, desto neutraler und austauschbarer wird der Wein schmecken.

REBENFLÜSTERER

»Diesen Wein schmeckst Du aus hundert Weinen heraus!«, meinte neulich eine Kollegin. Genau dies ist das Faszinierende am Wein. Weinfachleute verkosten gerne blind, das heißt, die Flasche wird verdeckt, zum Beispiel mit Alufolie oder einer Hülle aus Pappe, damit das Etikett nicht sichtbar ist. So können sie sich einem Wein ganz unvoreingenommen widmen. Mit etwas Erfahrung kann man dann nicht nur die Rebsorte(n) herausschmecken, sondern auch deren Herkunft und sogar die persönliche Handschrift des Winzers.

Es gibt unter den Winzern wahre »Rebenflüsterer«. Sie kennen ihr Terrain so gut, dass sie in der Lage sind, die Seele eines Weinbergs einzufangen und diese im Wein

schmeckbar zu machen. So etwas ist nur mit viel Einfühlungsvermögen und Leidenschaft möglich. Der Winzer muss den Wein spüren können, das macht den Unterschied aus. Das eine ist ein handwerklich gut gemachter Wein, das andere eine Offenbarung.

QUALITÄT VERSUS QUANTITÄT

Der Winzer bestimmt, wie er seinen Weinberg anlegt, also welche Reben und wie viele pro Hektar er anpflanzt und wie er den Weinberg bewirtschaften möchte. Fast alle Entscheidungen, die er zu treffen hat, haben Auswirkungen auf den Ertrag und die Qualität seiner Trauben. Die folgenden Arten der Bewirtschaftung sind heute möglich:

- Konventioneller Weinbau, der übliche Weg der Bewirtschaftung für das Gros der Weine: Der Boden wird mit dem versorgt, was er vermeintlich braucht – Kunstdünger heißt die Lösung. Aber auch Rebkrankheiten und Schädlingen wird mit der chemischen Keule, sprich Herbiziden und Fungiziden, zu Leibe gerückt.
- Kontrolliert umweltschonender Weinbau: Nach dem Grundsatz »so wenig wie möglich, so viel wie nötig« wird zur Vermeidung einer Monokultur die Vielfalt der Flora und Fauna im Weinberg durch verschiedene Maßnahmen gefördert, etwa Verbesserung der Bodenfruchtbarkeit durch Begrünung zwischen den Rebzeilen oder Verzicht auf Herbizide, dafür Umpflügen des Unkrauts. Es gibt jedoch keinen dogmatischen Verzicht auf chemische Hilfsmittel.
- Biologischer Weinbau: Fortführung des umweltschonenden Weinbaus durch völligen Verzicht auf künstliche Herbizide, Insektizide und künstliche Düngemittel.
- Biodynamischer Weinbau: Biodynamie findet nicht nur im Weinberg und im Keller statt, sie ist ein ganzheitliches Denken, eine spirituelle Lebensanschauung. Es geht darum, den Kreisläufen der Natur zu folgen und die natürliche

Vielfalt seiner unmittelbaren Umwelt zu fördern. Der Begründer und Pionier der Biodynamie und der Anthroposophie war Rudolf Steiner. Ein nach biologisch-dynamischen Grundsätzen bewirtschafteter Weinberg ist extrem vital und besitzt sozusagen »Selbstheilungskräfte«.

JAHRGANGSUNTERSCHIEDE

In kühleren Anbaugebieten sind die Jahrgangsunterschiede größer als in Weinregionen, in denen es immer warm ist, die Trauben zuverlässig ausreifen und dank der Trockenheit weniger Schädlinge und Rebkrankheiten auftreten. In kühleren Gebieten besteht zur Zeit der Traubenblüte oft Frostgefahr. Während der Reifeperiode kann es immer wieder regnen oder sogar heftige Hagelschauer geben. Oft ist es nicht warm genug, sodass die Trauben nicht ausreifen können. All dies führt zu Jahrgangsunterschieden.

In extrem schwierigen Jahren zeigt sich, wie gut die Substanz (Art der Bewirtschaftung) eines Weinbergs ist und wie gut der Winzer gearbeitet hat. Ist die Traubenqualität nicht optimal, muss selektiert, das heißt schlechtes Traubengut aussortiert werden. Verzichtet der Winzer darauf und vergärt mangelhaftes Lesegut, kommen Fehltöne in den Wein, die er wiederum durch verschiedene Maßnahmen daraus entfernen kann. Eines ist aber klar:

Nach solchen Eingriffen bleibt am Ende ein fragiles Weinchen übrig, das nicht viel Aroma und Geschmack zu bieten hat.

IM DIENST DES KUNDEN

Die alles entscheidende Frage lautet: Was kauft der Kunde? Jeder Winzer oder Weinproduzent erschließt sich seine Zielgruppe und trifft dann die entsprechenden Entscheidungen, um am Ende jenes Produkt anbieten zu können, für das er stehen möchte. Ein Winzer kann noch so viel Leidenschaft haben, verkaufen muss er seinen Wein schlussendlich auch noch können.

ALLES NEU MACHT DIE JUNGE GENERATION

Gerade in unseren Breiten bestehen die meisten Weingüter bereits seit vielen Generationen. Bei jedem Wechsel entstehen Reibereien, die natürlich auch ihre guten Seiten haben, da sich sonst das Weingut nicht weiterentwickeln würde. Die Winzer der jungen Generation sind top ausgebildet als Winzer oder Önologen und sie reisen viel, um sich auf andern Weingütern umzuschauen. Darin unterscheiden sie sich von der älteren Generation. Dieser globale Austausch führt nicht selten dazu, dass sich auch die bisherige Stilistik des Weins verändert.

RUND UM DIE FLASCHE

Sobald der Wein im Keller für die Abfüllung bereit ist, stellt sich die Frage der passenden Ausstattung, denn schließlich trinkt das Auge mit. Zur Ausstattung zählen neben der Gestaltung des Etiketts auch die Flaschenform, der Flaschenverschluss und sogar der Weinkarton. Vor allem große Produzenten mit großen Budgets überlassen da nichts dem Zufall.

VERSCHLUSSSACHE

In den traditionellen Weinanbaugebieten möchten viele Weinliebhaber nach wie vor nicht auf den Naturkorken verzichten. Dagegen sind in der Neuen Welt, vor allem in Australien und Neuseeland, Winzer wie Verbraucher dem Drehverschluss mehr zugetan. Heute geht es nicht mehr unbedingt darum, welcher Verschluss generell der beste ist, sondern welcher Verschluss für welchen Wein mehr Sinn macht. Nach heutigem Stand sind Naturkorken im Ganzen und Schraubverschlüsse für Weinflaschen am besten geeignet. Doch welche Verschlüsse gibt es überhaupt?

Naturkorken

Rund 60 Prozent der Weinverschlüsse entfallen noch immer auf den Naturkorken. Allerdings sind mindestens ein Drittel davon Presskorken bzw. aus Korkgranulat hergestellte Korken. Letztere sind mit Kunstharzen verleimt, die Fehltöne im Wein verursachen können. Für hochwertige und langlebige Weine kommt nur ein Naturkorken erster Güte in Frage. Leider ist das Problem des Korkschmeckers, eines durch den kontaminierten Naturkorken verursachten Mufftons im Wein, nach wie vor ungelöst.

Schraubverschluss

Der Schraubverschluss ist eine der besten Alternativen zum Naturkorken. Die Flaschen sind ohne Werkzeug einfach zu öffnen und können genauso leicht wieder verschlossen werden. Langzeitstudien (über 40 Jahre) haben bewiesen, dass sich Weine, die mit einem Dreher verschlossen sind, ebenfalls entwickeln und langsam reifen. Jung zu trinkende Weißweine mit Schraubverschluss bewahren ihre Frische eindeutig länger. Akzeptanzprobleme gibt es nach wie vor bei höherwertigen Weinen.

Glasstopfen

Ein Glasstopfen ist ebenfalls eine gute Alternative. Allerdings gibt es noch keine langfristigen Erkenntnisse, die nachweisen würden, wie lange hochwertige Weine mit diesem Verschluss gelagert werden können. Glasstopfen sind praktisch und stylisch, vor allem aber nicht mit Vorurteilen behaftet wie der Schraubverschluss. Die Flaschen sind ebenfalls ohne Werkzeug zu öffnen und leicht wieder zu verschließen.

Kunststoffkorken

Diese Korken gibt es in den verschiedensten Ausführungen, immer wieder kommen neue Patente auf den Markt. Eines ist für den Verbraucher wichtig: Wie beim Naturkorken wird auch beim Kunststoffkorken die Flasche mit einem Korkenzieher geöffnet. Deshalb wird der Kunststoffkorken häufig mit einem Naturkorken gleichgesetzt.

Kronkorken

Auch Kronkorken sind eine sehr gute Alternative zum Naturkorken. Allerdings ist ihre Akzeptanz noch schlechter als die des Schraubverschlusses. Daher sind sie beim Wein kaum von Bedeutung. Die Flaschen werden mit einem Flaschenöffner geöffnet und können nicht wieder mit dem Kronkorken verschlossen werden.

DAS WEINETIKETT

In den meisten Weinbüchern ist im Kapitel »Weinetikett« ein solches abgebildet und es wird etwas über fakultative und obligatorische Angaben gesagt. Allerdings nützt es Ihnen eher wenig, beispielsweise zu wissen, dass es dem Winzer freigestellt ist, den Jahrgang mit anzugeben. Deshalb versuche ich Ihnen hier zu vermitteln, welche brauchbaren Angaben Sie auf dem Etikett finden können.

Jahrgang

Da die meisten Weine nicht für lange Lagerung vorgesehen sind, ist es wichtig, beim Einkauf den Jahrgang auf dem Etikett zu beachten, der möglichst aktuell sein sollte. Anders ist es zum Beispiel bei einem Gran Reserva aus Spanien, der frühestens fünf Jahre nach der Ernte auf den Markt kommt.

Vielleicht gehören Sie zu den Weinliebhabern, die Weine lagern möchten, also auch etwas mehr auszugeben bereit sind und dann nicht nur eine, sondern gleich sechs oder zwölf Flaschen desselben Weins kaufen. In diesem Fall rate ich Ihnen, sich vorab zu informieren, wie gut der entsprechende Jahrgang war und ob es sich überhaupt lohnt, den Wein zur längerfristigen Lagerung zu erwerben.

Alkoholgehalt

Ebenso wichtig wie der Jahrgang ist der Alkoholgehalt. Je nach dem Anlass, für den Sie den Wein benötigen, wählen Sie einen mit mehr oder weniger Volumenprozent Alkohol aus. Ein Rotwein für ihre nächste Party sollte zum Beispiel nicht mehr als 13,5 % Vol. Alkohol haben, denn viel Alkohol im Wein macht schnell müde. Gut geeignet wären zum Beispiel ein Zweigelt oder Blaufränkisch aus Österreich oder auch eine Cuvée (Verschnitt verschiedener Rebsorten) aus Deutschland. Diese Weine sind schmackhaft, gut verträglich und vor allem keine Alkoholmonster.

Herkunftsland

Achten Sie genau auf das Herkunftsland. Gerade im Supermarkt sind die Weine selten nach Ländern sortiert, die Übergänge in den Weinregalen sind fließend. Schnell rutscht da mal ein Wein in den Korb, der optisch vorgibt, aus einem europäischen Anbauland zu kommen, und dann ist es doch ein Wein aus China. Da das Anbauland nicht zwingend beim Erzeuger oder Produzenten aufgeführt sein muss, kann es sich zum Beispiel um einen europäischen Betrieb handeln, der den Wein in China einkauft, diesen per Tanker nach Europa liefern lässt und vor Ort abfüllt. Das Anbauland steht dann meist in einer einzelnen Zeile an anderer Stelle, etwa auf dem Rückenetikett.

Aus der Angabe des Anbaulandes lassen sich zumindest grobe Schlüsse hinsichtlich des Geschmacks ziehen (auch hier hilft die Grafik auf Seite 17): Je näher sich das Anbauland am 30. Breitengrad befindet, desto gehaltvoller und alkoholintensiver ist der Wein.

Rebsorte versus Region

Bei Weinen aus den klassischen Anbaugebieten Europas werden eher die Herkunftsregionen als die verwendeten Rebsorten angegeben. Um einen ungefähren Hinweis auf den Weingeschmack zu erhalten, ist etwas Kenntnis darüber notwendig, welche Rebsorten hinter welchen Regionen stehen (siehe Tabellen Seite 24/25) und wie die Weine klassisch ausgebaut werden. Ein Chablis ist zum Beispiel ein Weißwein aus dem Burgund in Frankreich, zu 100 Prozent aus Chardonnay gekeltert und traditionell nicht im Holzfass ausgebaut.

Dieses Hintergrundwissen geben die herkömmlichen Weinetiketten leider nicht her. Je höherwertig der Wein, desto karger die Angaben auf dem Etikett, da man wohl davon ausgeht, dass jemand, der 20 Euro für eine Flasche Chablis oder Sancerre ausgibt, auch weiß, woher dieser Wein stammt und aus welcher Rebsorte er gemacht ist.

Auf modernen Weinetiketten wird die Rebsorte genannt, was es dem Kunden erleichtert, sich ein Bild über den Weingeschmack zu machen. Auch die Weine der Neuen Welt werden immer mit der Rebsorte gekennzeichnet und sind daher besser und schneller zuzuordnen als Weine, die nur den Namen der Herkunftsregion tragen.

Weitere Angaben

Neben den bereits genannten sind weitere Angaben auf dem Etikett möglich: Anbaugebiet, Erzeuger/Produzent/Abfüller, Fantasienamen, Weinbergslagen, Herkunftsbezeichnungen, Qualitätsstufen, Füllmenge und Weintyp (siehe Seite 7). Auf dem Rücketikett finden sich oft auch Speisenempfehlungen sowie Hinweise zur Serviertemperatur und zum Lagerpotenzial.

FLASCHENFORMEN

Sagt die Flaschenform etwas über die Qualität aus? Nicht wirklich. Grundsätzlich gibt es die schlanke Bordeauxflasche und die bauchige Burgunderflasche. Beide werden für alle Weinstile benutzt. In bestimmten Regionen gibt es besondere Flaschenformen wie die Schlegelflasche für Rieslinge aus deut-schen Anbaugebieten oder den Bocksbeutel für Qualitätsweine aus Franken.

Guter Stoff in große Flaschen!

Neben der Standardflasche (0,75 Liter), auch Eintel genannt, gibt es kleinere und größere Flaschenformate. Einfache Alltagsqualitäten werden oft in Literflaschen abgefüllt, die ganz günstigen Exemplare auch schon mal in 2-Liter-Flaschen. Wichtig zu wissen: Je besser die Weinqualität und damit auch je größer das Lagerpotenzial, desto mehr lohnt es sich, den Wein in einer größeren Flasche zu erwerben. Oder anders gesagt: Je größer die Flasche, desto langsamer und gleichmäßiger reift der Wein und desto länger ist er haltbar. Die gängigen Großformate sind die Magnumflasche (1,5 Liter) und die Doppelmagnum (3 Liter).

LECKER WÜRFELWEIN

Für Anlässe wie Party, Barbecue, Picknick, Segelturn oder Zelturlaub gibt es eine tolle, platz- und gewichtsparende Lösung: Bag-in-Box-Weine (Plastikweinschläuche im Karton). Es sind einwandfreie Weine, zum Beispiel ein sortenreiner Landwein aus Südfrankreich. Da der Wein vakuumverpackt ist, zieht sich der Schlauch jedes Mal zusammen, wenn Wein abgezapft wird, was ihn gut vor Oxidation schützt. Ein angezapfter BiB-Wein hält sich gut und gerne über vier Wochen.

PRAXIS

Das Herzstück dieses Buches ist die Verkostung unserer sechs Weine. Bevor es aber so weit ist, gibt es ein paar Tipps zur Vorbereitung und eine Einführung in die Weinsensorik. Nun sind Sie gut gerüstet, um die sechs Weine mit allen Sinnen zu erkunden. Zudem erfahren Sie Wissenswertes über die jeweilige Rebsorte und zur Kombination von Wein und Speisen.

VORBEREITUNG EINER WEINVERKOSTUNG

In meinem Beruf als Sommelière organisiere ich regelmäßig Weinproben und Verkostungsveranstaltungen aller Art. Ich genieße es, mich darauf vorzubereiten, und fange oft schon mehrere Tage im Voraus damit an. Ich wähle die zu verkostenden Weine aus und schaue dann, welche ich bereits im Keller habe und welche ich noch einkaufen muss. In diesem Kapitel gebe ich Ihnen Tipps aus meinem beruflichen Alltag, die Ihnen die Vorbereitung Ihrer eigenen Weinprobe erleichtern sollen.

Bestimmt hat Ihnen das Auswählen und Einkaufen der sechs vorgeschlagenen Weine (siehe Seite 4) Spaß gemacht. Nun sind Sie gespannt, was Sie erwartet. Mir jedenfalls geht es so, wenn ich einen Wein, den ich noch nicht kenne, probieren kann. Ich treffe alle Vorbereitungen und öffne dann mit großer Vorfreude die Flasche. Ich selbst verkoste am liebsten zusammen mit Kollegen.

Zum einen ergibt sich dadurch die Möglichkeit des Meinungsaustausches, zum anderen finde ich es immer schade, wenn wegen eines kleinen Probeschlucks eine ganze Flasche geöffnet und der Rest vielleicht weggegossen werden muss. Das hat nicht zuletzt auch mit dem Respekt vor der Arbeit des Winzers zu tun.

DIE BESTE ZEIT ZUM VERKOSTEN

Wir Fachleute verkosten am Vormittag, um zehn oder elf Uhr. Zuvor haben wir ordentlich gefrühstückt, haben statt Kaffee lieber einen milden Tee getrunken und sind damit fit für die anstehende Verkostung. Am Abend, nachdem unsere Sinne tagsüber schon stark beansprucht wurden, fühlen wir uns meist nicht mehr »frisch« genug, um Wein professionell zu verkosten.

Sie selbst probieren vielleicht am Wochenende oder an einem freien Tag, dann ist die Uhrzeit weniger wichtig. Dennoch werden Ihre Sinne vormittags wacher sein als am Abend (bei den meisten jedenfalls). Am Ende geht es darum, dass Sie Spaß haben und die Zeit mit dem Wein und vielleicht auch mit Ihren Freunden genießen. Eine schöne Möglichkeit wäre, sich tagsüber für die Weinverkostung Zeit zu nehmen, danach etwas zu kochen und dann zum Essen die Favoriten der Verkostung zu genießen.

VERKOSTUNGSREIHENFOLGE

Bevor es ans Decken des Verkostungstischs geht, erstelle ich vor jeder Probe eine Art Dramaturgie, das heißt, ich achte darauf, welche Weine aufeinander folgen sollen. Würde man einen schweren Rotwein vor einem sehr leichten Weißwein probieren, hätte der Weißwein überhaupt keine Chance mehr, geschmacklich irgendeinen positiven Eindruck zu hinterlassen. Unser Gaumen wäre mit den Aromen und Inhaltsstoffen des Rotweins völlig belegt und der Weißwein würde kläglich scheitern.

Für unsere Verkostung haben Sie sechs Weine eingekauft – drei weiße und drei rote. Damit Sie so viel wie möglich aus den Weinen herausschmecken können, schlage ich Ihnen folgende Verkostungsreihenfolge vor:

1. Riesling
2. Sauvignon blanc
3. Chardonnay
4. Pinot noir/Spätburgunder
5. Merlot
6. Cabernet Sauvignon

DIE GLÄSER

Wie auf Seite 5 bereits erwähnt, empfehle ich Ihnen mindestens zwei, besser drei einheitliche Weingläser pro Person. Das erlaubt Ihnen, die Weine – zunächst alle weißen, dann alle roten – miteinander zu vergleichen. Klar ist, dass die Gläser absolut sauber sein sollten, denn das Auge trinkt mit! Die meisten Gläser können selbstverständlich im Geschirrspüler mitgespült werden, sie sollten aber keine Fremdgerüche annehmen, zum Beispiel vom Spülmittel. Falls dies doch geschieht, reiben Sie die Gläser am besten mit einem Tuch aus. Dazu ein kleiner Tipp: Halten Sie die Gläser kurz in den Dampf des heißen Wasserkochers. Dadurch beschlagen sie leicht und sind dann einfacher zu polieren. Die Poliertücher sollten übrigens nicht mit Weichspüler gewaschen sein, da sonst wieder neue Schlieren entstehen.

Der temperierte Wein und die passenden Gläser gehören ebenso zur Verkostung wie Korkenzieher, Brot und Mineralwasser.

Ein wunderbarer Trick für alle, die das Polieren von Gläsern nicht zu ihren Lieblingstätigkeiten zählen, ist das sogenannte Avinieren. Dazu geben Sie einen winzigen Schluck des Weins, den Sie zuerst verkosten möchten, ins erste Glas. Damit schwenken Sie das Glas aus und geben diesen Schluck dann von einem Glas ins nächste, bis Sie alle Gläser, die Sie für die Verkostung benötigen, ausgeschwenkt haben. Der Schluck aus dem letzten Glas wird ausgegossen. Danach sind die Gläser perfekt vorbereitet und Sie haben sich das aufwendige Polieren erspart.

Beim Verkosten ist es übrigens nicht notwendig, ein bereits benutztes Glas vor dem Einschenken des nächsten Weins mit Wasser auszuspülen (selbst dann nicht, wenn Sie von einem Weißwein direkt zu einem Rotwein übergehen). Das Glas ist ja bereits aviniert. Durch die vorgegebene Reihenfolge bei der Verkostung ergibt es sich ohnehin, dass die Weine zunehmend kräftiger werden. Die Geruchsmoleküle, die vom Vorgängerwein im Glas hängen bleiben, beeinträchtig die Aromatik des nachfolgenden Weins in keiner Weise. Einzige Ausnahme: Wenn ein

Wein einen massiven Korkschmecker hat, sollten Sie das Glas austauschen oder zumindest gründlich reinigen.

WEINNOTIZEN

Falls Sie Ihre Eindrücke schriftlich festhalten möchten, können Sie dafür Verkostungsbögen vorbereiten. Dazu schreiben Sie entweder alle Vorgaben per Hand auf oder erstellen auf dem Computer einen Vordruck in Tabellenform. Eine einfache Variante könnte folgende Rubriken enthalten:

Weinfarbe (weiß, rosé, rot); Duft (fruchtig, floral, würzig, Sonstiges – siehe Seite 47); Geschmack (Süßegrad, Säure, Körper, Fruchtaromen, Gerbstoff, Textur, Nachhall – siehe Seite 48); Gesamteindruck (Ausgewogenheit des Weins, Entwicklungspotenzial, persönliche Anmerkungen, wie Ihnen der Wein gefallen hat).

AMBIENTE

Die passende Atmosphäre für eine Weinverkostung entspricht nicht unbedingt jener für ein romantisches Date. Um die Weinfarbe gut zu erkennen, empfiehlt sich eine helle Raumbeleuchtung (mit ein Grund, warum Profis tagsüber verkosten). Sorgen Sie zudem am Verkostungstisch für einen weißen Hintergrund, vor dem Sie die Gläser schräg halten

können, um die Weinfarbe besser zu erkennen. Das kann ein Stück Papier sein, eine weiße Serviette oder ein weißes Tischtuch.

Wenn Sie nicht allein verkosten, sollten Sie und Ihre Mitverkoster auf intensives Eau de Toilette und Parfum verzichten. Je weniger Fremdgerüche, desto optimaler die Verkostungsbedingungen. Während der Verkostung sollten Sie von Zeit zu Zeit für Frischluftzufuhr sorgen. Wenn mehrere Weine offen auf dem Tisch stehen, ist die Raumluft nach kurzer Zeit alkoholgeschwängert.

WASSER ZUR VERKOSTUNG

Zur Geschmacksneutralisierung und Erfrischung sollte genügend Mineralwasser bereitstehen. Als Faustregel gilt: zwei Glas Wasser auf ein Glas Wein. Stilles Mineralwasser ist für eine Weinverkostung besser geeignet. Durch Kohlensäure würde der Alkohol zügig ins Blut befördert und sich dann schneller bemerkbar machen.

KORKENZIEHER

Die vielen unterschiedlichen Typen von Korkenziehern, die es heute gibt, sind allesamt einfach in der Handhabung. Ich persönlich bevorzuge ein simples Kellnermesser mit einem Doppelhebel, das heißt, der Hebel hat ein Gelenk, sodass der Korkenzieher zweimal am Flaschenhals angesetzt werden kann. Das ist eine sehr nützliche Erfindung, um besonders lange Korken sicher aus der Flasche zu bekommen, ohne dass sie abbrechen. Mit am Werkzeug ist ein kleines Messer, mit dem die Kapsel sauber von der Flasche getrennt werden kann, und mit einem kleinen Haken am Hebel des Korkenziehers kann auch noch ein Kronkorken entfernt werden. Somit sind alle Werkzeuge zum Öffnen von Flaschen im Kellnermesser vereint. Praktisch ist auch, dass es in der Schublade nur wenig Platz beansprucht, im Gegensatz zu den wesentlich größeren Flügelkorkenziehern oder Glockenkorkenziehern, die beide auch noch ein extra Messer erfordern, um die Kapsel abzutrennen.

Die Spirale des Korkenziehers wird etwa in einem 45-Grad-Winkel angesetzt, um sie möglichst mittig in den Korken zu bekommen. Sie sollte nicht vollständig in den Korken eingedreht werden, da sie ihn sonst durchstechen könnte und Korkbrösel in den Wein rieseln würden. Das ist zwar nicht weiter schlimm, lässt sich aber durch die richtige Technik vermeiden.

TEMPERATUR DER WEINE

Die Weißweine stehen bereits in Ihrem Kühlschrank und sind mit 5 bis 6 °C für die Verkostung perfekt temperiert. Normalerweise ist diese Temperatur etwas zu kühl, für die Verkostung jedoch ideal, damit Sie sich ausreichend Zeit lassen können, bevor die Weine zu warm werden. Schenken Sie sich vom Weißwein etwa 100 ml ein (diese Füllmenge empfiehlt sich auch bei Rosé- und Rotwein) und gießen dann wenn nötig wieder nach. So ist der Wein immer ideal temperiert. Sobald ein Weißwein zu warm wird (je nach Weinstil in der Regel bei 10 °C und mehr), kann er an Format verlieren. Die Säure ist dann weniger erfrischend, der Wein wirkt plump und breit. Manchmal treten sogar Weinfehler zutage, die durch die niedrigere Temperatur noch verborgen blieben. Weinprofis testen deshalb Weißweine immer etwas temperierter, um Fehltöne rascher zu erkennen.

Rotwein sollte immer Zimmertemperatur haben, heißt es. Allerdings stammt diese Vorgabe aus einer Zeit, in der die Raumtemperatur bei höchstens 18 °C lag. Heute ist es in unseren Wohnräumen oft über 20 °C warm, für Rotwein also zu warm. Bei solchen Temperaturen wird der Wein schnell zu alkoholisch und lässt sich nicht mehr gut verkosten. Zum Verkosten ist eine Temperatur von 18 °C für die meisten Rotweine ideal. Sollten Sie keinen kühlen Keller haben, empfehle ich Ihnen, den Wein vor der Verkostung kurz in den Kühlschrank zu stellen. Eine halbe Stunde ist dafür ausreichend. Mehr zum Thema Serviertemperatur siehe Seite 92.

EINFÜHRUNG IN DIE WEINSENSORIK

Nüchtern betrachtet ist die Sensorik eine wissenschaftliche Disziplin, die zu Prüf- und Messzwecken genutzt wird. Wir Menschen benutzen unsere Sinne, um zu differenzieren und zu bewerten, zum Beispiel beim Essen und Trinken. Mithilfe unserer Sinne steigern wir aber auch unser Wohlbefinden und unsere Lebensqualität und pflegen unsere sozialen Kontakte. So ist es zum Beispiel wichtig, wie, wo und mit wem wir essen und trinken. Ein besonderer Bereich der Sensorik ist die Weinsensorik, die zur Beschreibung und Beurteilung von Wein dient.

Ein toller Wein im Glas verspricht Genuss mit allen Sinnen. Wir probieren so manches aus und versuchen herauszufinden, was uns schmeckt und was nicht. Vieles nehmen wir nur unbewusst war. Besonders am Anfang fällt es uns nicht leicht, die Unterschiede in Worte zu fassen. Doch am Ende geht es nicht so sehr darum, einen Wein sensorisch perfekt zu beschreiben, sondern vielmehr darum herauszufinden, warum wir den einen Wein mehr mögen als den anderen.

Mit unseren fünf Sinnen können wir hören, sehen, riechen, schmecken und fühlen. Und wie viele davon brauchen wir denn nun beim Weinverkosten? Alle fünf!

GEHÖRSINN

Zugegeben, der Gehörsinn kommt nur am Rande zum Einsatz, etwa wenn wir das klägliche Geknacke eines Schraubverschlusses beim Aufdrehen hören. Viel lieber nehmen wir natürlich das Ploppen eines echten Korkens wahr. Als überaus angenehm empfinden wir das Klingen der Gläser beim gemeinsamen Anstoßen. Auch das feine Moussieren eines Schaumweins im Glas schmeichelt unseren Ohren sehr.

SEHSINN

Der erste Schritt nach dem Einschenken des Weins ist das Betrachten der Weinfarbe. Auf den ersten Blick sehen wir, ob der Wein weiß, rosé oder rot ist. Schauen wir genauer hin, erkennen wir auch die feinen Nuancen: Ist es ein zarter Roséton oder ein knalliges Pink? Ein helles oder ein intensives Rot? Schon fällen wir ein erstes Urteil. Hat der Rotwein einen kräftigen Rotton, denken wir sofort, der Wein sei bestimmt ebenso kraftvoll. Ist seine Farbe hellrot, sind wir eher geneigt, ihn als dünn abzustempeln.

Dies alles können unsere Augen beim Betrachten des Weins wahrnehmen:

- die Weinfarbe (rot, weiß, rosé)
- die Intensität der Farbe
- die Klarheit und Brillanz des Weins
- das Reifestadium/Alter des Weins und die Reflexe in der Farbe
- die Viskosität des Weins
- den Kohlensäuregehalt

Intensität der Farbe

Beim Weißwein reicht die Farbpalette von fast farblos über blassgelb bis hin zu bernsteinfarben/braun. In ihrer Jugend haben Weißweine meistens einen blassen Gelbton, aus dem mit zunehmender Reife ein intensives Strohgelb werden kann. Je höher die Qualität eines Weißweins, desto kräftiger ist der Gelbton bereits beim jungen Wein und legt im Alter noch einmal an Intensität zu. Weißweine mit viel Restsüße können bereits jung goldgelb leuchten. Im Holzfass ausgebaute Weißweine haben grundsätzlich einen intensiveren Gelbton.

Beim Rotwein verhält es sich genau andersherum. In der Jugend haben die Weine oft einen satten und kräftigen Farbton. Mit zunehmender Reife setzen sich die Farbstoffe als Trubstoffe am Flaschenboden ab. Junge Weine sind eher bläulich-violett, danach wechseln sie zu einem immer wärmeren Rotton.

Auch bei einem Roséwein nimmt die Farbintensität mit fortschreitender Reife ab. Das ursprüngliche Pink wechselt dann zu einem helleren Orangerosa.

Klarheit und Brillanz des Weins

Einem Wein mit leuchtender Farbe messen wir einen höheren Wert zu als einem Wein mit stumpfer Farbe. Auch wenn es nur kleine Nuancen sind, wird unser ästhetisches Empfinden davon angesprochen.

Schwebteilchen, Schlieren und andere Partikel haben im Wein nichts zu suchen. Eine Ausnahme ist der Weinstein, der sich in Form feiner Kristalle bei manchen Weinen am Boden sammelt. Er ist weder ein Weinfehler noch ein Qualitätsmerkmal und völlig unbedenklich.

Reifestadium/Alter und Farbreflexe

Die mit zunehmender Reife stattfindende Farbveränderung sollte dem jeweiligen Alter des Weins angemessen sein. Zeigt zum Beispiel ein Rotwein des aktuellen Jahrgangs im Glas eine stark orangefarbene Tönung, ist davon auszugehen, dass bereits eine Oxidation stattgefunden hat und der Wein nicht in Ordnung ist. Spätestens im zweiten Schritt des Verkostens, beim Riechen, wird sich dieser Eindruck bestätigen. Andererseits spricht es für die Qualität eines Rotweins, wenn er im Alter von fünf Jahren immer noch jugendliche violette Reflexe zeigt.

Viskosität

Beim Schwenken des Weins laufen innen am Glas langsam Schlieren herunter, die man Kirchenfenster (wegen der ähnlichen Form) oder Tränen nennt. Je mehr Alkohol der Wein hat, desto zähflüssiger ist er bzw. desto höher ist seine Viskosität. Wasser im Vergleich ist nicht viskos. Auch die Süße macht sich durch höhere Viskosität bemerkbar. Bei Weinen mit hohem Alkoholgehalt und zusätzlich viel Restsüße ist die Schlierenbildung am stärksten. Die Viskosität sagt nichts über die Qualität eines Weins aus.

Kohlensäure

Kohlensäure regt die Durchblutung und somit auch unseren Appetit an. Allerdings soll-ten ausschließlich Schaumweine sichtbar moussieren (Bläschen bilden). Je feiner die Perlen, desto besser der Schaumwein.

GERUCHSSINN

Führen Sie das Weinglas nun zur Nase und atmen Sie tief ein. Lassen Sie Ihr Bauchgefühl sprechen, denn dieser erste, unvoreingenommene Eindruck aus dem noch ungeschwenkten Glas soll lediglich signalisieren: Ist der Wein in Ordnung oder hat er einen Fehler? Hält der Wein dieser ersten Prüfung stand, können Sie weiterschnuppern.

Nun folgt das Schwenken des Glases, locker aus dem Handgelenk oder sicher auf der Tischplatte. Dadurch wird dem Wein Sauerstoff zugeführt, die Aromen öffnen sich und steigen nach oben in Ihre Nase. Nach weiteren ein oder zwei Umdrehungen nehmen Sie nochmals ein, zwei tiefe Züge. In diesem Moment geht in Ihrer Nase die Post ab – alle Riechzellen mitsamt ihren feinen Sinneshärchen sind nun aktiviert. Aufsteigende Duftmoleküle suchen sich an den feinen Härchen die passenden Rezeptoren und melden zum Beispiel den Duft nach gelbem Apfel. Diese Information geht sogleich an Ihr Geruchszentrum weiter, wo überprüft wird, ob dieser Duft bereits bekannt ist. Wenn ja, haben Sie Ihr erstes Erfolgserlebnis: ah, gelber Apfel. Sollten Sie den Duft nicht gleich einordnen können, haben Sie vielleicht eine Assoziation – eine gelbe Frucht – oder Ihnen wird auf einmal warm ums Herz, weil Sie sich an Omas köstliche Kuchen erinnern. Dies alles geschieht innerhalb von Sekunden. Sie riechen wieder und wieder ins Glas. Noch immer kommen Sie nicht direkt zum gelben Apfel. Dann sagt ein Mitverkoster zu Ihnen: »Riechst Du auch gelben Apfel?« In diesem Moment macht es klick und Sie haben das Aroma sofort präsent.

Unser Geruchszentrum liegt im ältesten Teil des Gehirns, dem Stammhirn, direkt neben dem Emotionszentrum. Durch die Verbindungen im Geruchszentrum können bestimmte Düfte Erinnerungen in uns wecken. Warum aber fällt es uns so schwer, einen Duft zu beschreiben oder ein Aroma klar zu benennen? Unser Sprachzentrum liegt im jüngeren Teil unseres Gehirns und die Verbindung zwischen Geruch und Sprache ist bei jedem Menschen unterschiedlich ausgebildet. Wer beruflich seinen Geruchssinn oft benutzt, reagiert auch im Alltag bewusster auf Düfte – etwa auf frische Lindenblüten im Frühjahr – und kann gut und gerne 30.000 Aromen unterscheiden (normal sind etwa 10.000 Aromen).

Im täglichen Leben nehmen wir das, was wir riechen (frisch gebackenes Brot, reife Erdbeeren) meistens auch mit unseren Augen wahr. Beim Weinverkosten müssen wir die verschiedenen Aromen, die wir im Wein riechen und schmecken, mit unserer Erinnerung an das, was wir aus dem täglichen Leben kennen, verknüpfen. Viele tun sich damit schwer. Haben wir die Düfte, die wir im Wein wahrnehmen, erst einmal aus unserem Geruchsgedächtnis abgerufen, versuchen wir sie mithilfe unserer Sprache in Worte zu fassen, was mit regelmäßigem Training immer leichter fällt. Ein Weinprofi, der jeden Tag Weine probiert, kann etwa 800 verschiedene Aromen erkennen und benennen, während eine weniger geübte Nase bei rund 100 Aromen liegt.

Für eine erste grobe Zuordnung können Sie sich beim Schnuppern vier Aromen-Schubladen vorstellen:

- ❢ fruchtige Aromen
- ❢ florale Aromen
- ❢ würzige Aromen
- ❢ sonstige Aromen

Zeigt ein Wein viele unterschiedliche Aromen und duftet er angenehm, dann haben Sie einen komplexen Wein vor sich. Eine feine, saubere, animierende Aromatik ist in jedem Fall ein positives Qualitätsmerkmal. Je nach Rebsorte duften manche Weine sehr verhalten, andere sehr intensiv. Auch die Art der Bereitung und Lagerung sowie das Alter des Weins beeinflussen die Intensität des Duftes.

Ein Aroma kann immer weiter aufgefächert werden, wenn es denn die Weinqualität erlaubt. Hier zwei Beispiele:

- Gelbe Frucht – heimisches Obst oder eher exotisch?
- Aprikose – frisch, reif, überreif, Dörrobst, Kompott oder Marmelade?

Viele fragen sich spätestens an dieser Stelle: wozu das Ganze? Nun, es ist ein sicherer Weg, um herauszufinden, was Ihnen gefällt, und um Weine voneinander unterscheiden zu lernen. Diese Aromengeschichte ist ja ein Bestandteil der »Weinsprache«. Stellen Sie sich vor, Sie lernen gerade eine neue Sprache. Am Anfang können Sie sich mit Namen vorstellen, ein paar Höflichkeitsfloskeln austauschen und vielleicht noch nach dem Weg fragen – alles recht rudimentär. So ist es auch beim Wein. Zu Beginn riechen Sie eine gelbe Frucht, mit etwas Training ist es dann die reife Aprikose. Genießen können Sie den Wein in jedem Fall, ob mit oder ohne Weinvokabular.

GESCHMACKSSINN

In meinen Weinseminaren weise ich gleich zu Beginn darauf hin, dass das Geschmacksempfinden etwas sehr Subjektives ist und dass ich mich nicht zu ausschweifenden Weinbeschreibungen hinreißen lasse, da dies eher abschreckend wirken kann. Wählen Sie beim Beschreiben des Weins Ihre eigenen Worte und seien Sie sicher, dass sich Ihr Vokabular nach und nach verfeinern wird.

Vor dem ersten Schluck empfehle ich Ihnen, nicht nur zögerlich am Glas zu nippen, sondern einen ordentlichen Schluck zu nehmen, damit Sie all Ihre Geschmacksknospen mit dem guten Stoff benetzen können. Und bitte – nicht gleich hinunterschlucken. Ziehen Sie durch Ihren Mund etwas Luft ein und verwirbeln Sie dabei den Schluck Wein (die Fachleute nennen das »Kauen«). Durch das Einziehen der Luft öffnen sich neue Aromen und mit dem Kauen des Weins geben Sie den Geschmacksknospen und Ihrem Gehirn die nötige Zeit, um zu analysieren, was auf der Zunge und am Gaumen vor sich geht. Was können wir denn alles im Wein schmecken?

Süßegrad

Wie auch immer der Süßegrad ausfällt – trocken, halbtrocken, fruchtig, feinherb (liegt meistens zwischen trocken und halbtrocken), süß –, er sollte ins Gesamtbild des Weins passen und mit den anderen Komponenten wie Säure, Aromatik und Gerbstoffgehalt harmonieren.

Jeder Wein hat sein ganz eigenes Bukett. Durch das Schwenken des Glases öffnen sich die Aromen und entfalten ihren Duft.

Säure

Stellen Sie sich einen leichten Weißwein mit einer erfrischenden Säure vor. Sie kann lebendig und sogar nervig sein, was nicht negativ zu verstehen ist: Sie trifft sozusagen den richtigen Nerv. Ob die Säure nun knackig, lebendig, erfrischend, nervig, rassig, verhalten oder mild ist, in jedem Fall sollte sie sich harmonisch ins übrige Bild des Weins einfügen. Sobald ein Wein sauer schmeckt, hat er zu viel Säure und lässt unsere Gesichtszüge entgleisen, wir denken dann sofort an Zitronensaft.

Körper

Ob wir einen Wein als leicht, mittelschwer oder schwer empfinden, hängt von seinem Körper ab, der sich aus mehreren Komponenten zusammensetzt. Zum einen ist dies die Intensität der Aromen, bei Rotweinen auch der Gerbstoffgehalt, vor allem aber der Alkoholgehalt. Auch der Körper eines Weins sollte sich ins Gesamtbild einfügen. Hat zum Beispiel ein Rotwein einen hohen Alkoholgehalt, braucht er eine entsprechend üppige Portion Frucht und ein stabiles Gerbstoffgerüst, damit er »in Form« bleibt und der

Alkohol nicht brandig hervorsticht. Manche Weine kündigen sich mit ausladender Aromatik in der Nase an und schwächeln dann am Gaumen. Nicht umsonst werden solche Weine als Blenderweine bezeichnet.

Aromen

Nehmen wir an, wir schmecken am Gaumen Johannisbeere. Schmecken wir sie wirklich? Nein, wir riechen sie. Unser Nasenrachenraum ist »retronasal« mit unserem Geruchszentrum im Gehirn verbunden. Wie eng diese Verbindung ist, sehen Sie, wenn Sie sich an Ihren letzten Schnupfen erinnern. Wie viel haben Sie da noch geschmeckt? Es ist durchaus möglich, dass wir bei ein und demselben Wein am Gaumen andere Aromen wahrnehmen als in der Nase. Am Ende kommt es aber auch hier wieder darauf an, dass sich alle Eindrücke ins Bild einfügen.

Gerbstoffgehalt

Mit den Gerbstoffen ist das so eine Sache, denn jeder empfindet sie unterschiedlich und braucht etwas Verkostungserfahrung, um sie überhaupt zu mögen. Haben wir nun einen jungen Rotwein vor uns, der noch sehr gerbstoffbetont ist und Jahre der Reife braucht, bis sich die Tannine abrunden, oder sind es unreife Gerbstoffe, die bitter schmecken und sich nie im Wein integrieren werden? Ich denke, dass es etwas Verkostungserfahrung braucht, um die Gerbstoffe überhaupt erst einmal zu mögen. Es gibt wahre Gerbstoffmonster, welche die meisten gar nicht erst die Kehle hinunterbekommen. Für andere ist es erst dann gerade richtig. Letztendlich geht es auch bei den Gerbstoffen darum, dass sie gut im Wein integriert sind.

Textur

Aus den bisher besprochenen Geschmackskomponenten ergibt sich weitestgehend die Textur – das Mundgefühl – eines Weins. Im Idealfall ist die Textur rund, samtig, angenehm, harmonisch. Ein Wein kann aber auch wuchtig, fleischig, massiv oder aber zart und filigran sein. Oder er kann eine cremige Textur mit feinem Schmelz besitzen.

Nachhall

Ich stelle immer wieder fest, dass viele Weinneulinge es ein bisschen belächeln, wenn über den Nachhall, auch Abgang oder Finale genannt, gesprochen wird. Aber er ist nun mal Teil des Gesamteindrucks eines Weins und auch ein Qualitätsmerkmal. Der Nachhall bezeichnet das, was wir im Mund empfinden, nachdem wir den Wein heruntergeschluckt (oder beim Verkosten ausgespuckt) haben. Er kann lang oder kurz, angenehm oder unangenehm sein. Es gibt Weine, bei denen ich regelmäßig ins Schwärmen gerate. Der Wein ist längst hinuntergeschluckt, doch sein unglaubliches Aroma klingt immer noch nach und ist fast so präsent, als hätte man den Wein noch auf der Zunge.

TASTSINN

Viele Eindrücke, die der Wein im Mund hervorruft, können wir nicht nur schmecken, sondern auch fühlen, und zwar gleich mehrfach. Mit unserem Tastsinn erfühlen wir

- Viskosität/Texturen/Konsistenzen
- Spritzigkeit/Kohlensäure
- Gerbstoffgehalt
- Alkoholgehalt
- Temperatur

Die Viskosität des Weins können wir nicht nur sehen (siehe Seite 46), sondern auch am Gaumen fühlen. Auch Kohlensäurebläschen spüren wir am Gaumen und sind sogar in der Lage, mit unserem Tastsinn die Feinheit der Perlen festzustellen. Gerbstoffe nehmen wir einerseits als herbe Note mit dem Geschmackssinn wahr, doch das pelzige Gefühl am Gaumen erschließt sich uns über den Tastsinn. Ein hoher Alkoholgehalt ruft eine Art brandiges Gefühl im Mund hervor, was bei Spirituosen (nicht so sehr beim Wein) durchaus in Richtung Schmerz gehen kann. Und schließlich fühlen wir im Mund auch die Temperatur des Weins.

WIE KOMMEN DIE AROMEN IN DEN WEIN?

Eines gleich vorneweg: Im Wein hat jedes Aroma einen natürlichen Ursprung, keines wird künstlich zugesetzt. Das wäre in allen Ländern der Welt, in denen Wein erzeugt wird, untersagt. Grundsätzlich kann man die Aromen des Weins in drei Gruppen einteilen:

Primäraromen sind die Aromen, die eine Rebsorte »mitbringt«. Ein Cabernet Sauvignon duftet oft nach Schwarzen Johannisbeeren – das ist die Primärfrucht dieser Rebsorte. In der Jugend ist der Wein eher von den meist frischen Noten der Primärfrucht geprägt, die mit zunehmender Reife in den Hintergrund treten.

Sekundäraromen entstehen während der Gärung, wobei die Gärtemperatur das entstehende Aroma stark beeinflusst. Werden zum Beispiel Weißweine bei sehr niedrigen Temperaturen vergoren, entwickeln sich eher künstlich anmutende Fruchtaromen, die an Gummibärchen oder Eisbonbons erinnern.

Tertiäraromen werden während des Ausbaus und der Lagerung gebildet. Im Barriquefass nimmt der Wein häufig Noten von Karamell, Toast oder Vanille an. Reift ein Wein mehrere Jahre lang in der Flasche, lösen die Tertiäraromen die Primäraromen ab, es treten würzige Noten wie Zedernholz, Lakritze, Sojasauce und Tabak in den Vordergrund.

WEINPROBE RIESLING

Weltweit ist Riesling eine der weißen Toprebsorten. In ihr steckt das Potenzial für außergewöhnliche Gewächse. Riesling-Spitzenweine verkörpern pure Eleganz.

Das unverkennbare Markenzeichen des Rieslings und zugleich sein Jungbrunnen ist seine rassige Säure. Dank ihr zeigen selbst jahrzehntealte große Rieslinge eine beeindruckende Frische. In allen Süßegraden, von trocken bis edelsüß, gibt es phänomenale Rieslinge, ob stahlig und geradlinig aus dem Rheingau oder verspielt von der Mosel, ob gewichtig als Riesling Smaragd von der Wachau oder exotisch aus den kühlen Höhenlagen Australiens. Werden Sie zum Rieslingentdecker!

Schenken Sie sich das erste Glas Ihres Rieslings ein. Riechen Sie und hören Sie auf Ihr Bauchgefühl. Schwenken Sie ein paar Umdrehungen und entlocken Sie Ihrem Riesling noch ein paar Aromen mehr. Schmecken Sie – und wenn der Wein Lust auf den nächsten Schluck macht, probieren Sie ihn gleich noch einmal.

RIESLING IM GLAS

Farbe
- junge Rieslinge: blasses Hellgelb
- sehr gute trockene Spitzenrieslinge (Grosse Gewächse): strohgelb
- süße bis edelsüße Rieslinge: in ihrer Jugend leuchtend gelb, mit zunehmender Reife goldgelb bis bernsteinfarben

Nase
- junger Riesling: Aprikose, Weinbergpfirsich, Weintrauben, gelber Apfel, Zitrusfrüchte und Rosen, zudem mineralische Noten (frische Meeresbrise, nasser Stein)

❦ gereifter Riesling: Petrolnote (ist dem Riesling eigen, siehe auch Seite 56), getrocknete und kandierte Früchte, Honig

Geschmack

❦ von trocken bis edelsüß mit markanter, rassiger Säure

❦ Alkoholgehalt und Körper leicht bis mittelkräftig, oft mit langem, feinem Nachhall

Mittlerweile ist der Riesling eine geraume Zeit im Glas. Riechen Sie noch einmal daran: Hat sich sein Aroma verändert? Oder sind gar weitere Aromen hinzugekommen? Duftet er intensiver als zuvor? Schön, wenn Sie auf den Geschmack des Rieslings gekommen sind. Dann ist es nun Zeit für ein paar Informationen über Riesling-Qualitäten.

DEUTSCHE RIESLING-QUALITÄTEN

In der Regel kommt Riesling reinsortig in die Flasche. Nichts soll den einzigartigen Charakter der weißen Königin verwischen.

❦ Einfache Qualität, zum Beispiel Qualitätswein bestimmter Anbaugebiete (QbA): von trocken über feinherb bis halbtrocken und lieblich, fruchtige Noten und betonte, knackige Säure, weniger herkunftstypisch

❦ Gutsweinqualität eines Weinguts: ebenfalls als QbA, meistens trocken oder feinherb, typische Rieslingaromatik und herkunftstypische Noten

❦ Qualitätswein mit Prädikat (Kabinett, Spätlese, Auslese, Beerenauslese, Trockenbeerenauslese TBA, Eiswein): je nach Prädikat mit entsprechender Restsüße, oft aus einer Einzellage

❦ Grosses Gewächs des VDP (Verband Deutscher Prädikatsweingüter), in dem die Topbetriebe Deutschlands zusammengeschlossen sind: Die Grossen Gewächse sind trockene Weine aus den besten Weinbergslagen deutscher Anbaugebiete; sie sind sehr konzentriert und komplex und besitzen Lagencharakter und Reifepotenzial

❦ Riesling-Sekte aus deutschen Anbaugebieten: Die Rebsorte eignet sich sehr gut zur Versektung; in klassischer Flaschengärung erzeugter Riesling-Sekt lagert meistens deutlich kürzer auf der Hefe als Champagner und bewahrt dadurch seine Frische und die rassige Säure

WEITERE RIESLING-ANBAUGEBIETE

Sollten Sie einmal Lust verspüren, in die Ferne zu schweifen, gibt es auch aus anderen Anbauländern tolle Riesling-Qualitäten.

Die Burg Ehrenfels am nordöstlichen Rheinufer liegt eingebettet im Rüdesheimer Berg, einer steilen Toplage für die Edelrebsorte Riesling.

QUER VERKOSTET

Um die ganze Bandbreite des edlen Rieslings zu entdecken, können Sie Ihre Verkostung erweitern, indem Sie zwei Rieslinge unterschiedlicher Herkunft miteinander vergleichen. Hier zwei Beispiele:

- ❦ Riesling vom Roten Hang (Weinbergslagen um Nierstein und Nackenheim in Rheinhessen) und Riesling von der Mosel: Bei diesem Vergleich treten die Terroir-Unterschiede sehr deutlich zutage. Der Riesling vom Roten Hang (roter Ton- und Sandsteinboden) ist voll, saftig, oft sogar opulent mit warmer Aromatik. Der Moselriesling (Schieferboden) hat dagegen eine frische, zarte und mineralische Aromatik. Beide Weine sind auf ihre Weise sehr elegant.
- ❦ Riesling aus dem Elsass und Riesling aus Deutschland: Auch wenn das Elsass zu den nördlichsten Anbaugebieten Frankreichs zählt, ist das Klima dort wärmer und niederschlagsärmer als in den meisten Riesling-Anbaugebieten Deutschlands. Daher entstehen im Elsass üppigere Rieslingtypen, in denen die Säure etwas gedämpfter wirkt als beispielsweise bei einem Riesling von der Nahe.

Im Elsass in Frankreich ist Riesling eine der häufigsten weißen Rebsorten. Die Weine werden meistens trocken ausgebaut.

In Österreich sind die Wachau und das Kamptal die bekanntesten Anbaugebiete für Riesling. Die österreichischen Prädikate heißen Steinfeder, Federspiel und Smaragd. Vor allem Letztere stellen die Topliga der österreichischen Rieslinge dar. Smaragd-Qualitäten können über Jahre altern.

Auch in der Neuen Welt wird Riesling angebaut. In Australien liegen die Anbaugebiete im Clare Valley und in Tasmanien im Süden, in Neuseeland in Marlborough im Norden der Südinsel. In den USA wachsen Rieslinge in Washington State im Columbia Valley, in Kanada in Ontario und British Columbia.

RIESLING – LOOK UND TERROIR

Haben Sie noch etwas Riesling im Glas? Dann genießen Sie diesen letzten Schluck, während ich Ihnen ein paar weitere wissenswerte Informationen rund um die noble Sorte gebe.

Die Traube des Rieslings ist eher klein und kompakt, auch die Beeren sind sehr klein und zeigen selbst im reifen Zustand ein helles Gelb. Die Sorte ist für kühle Lagen prädestiniert – sie ist robust, blüht spät und wird dementsprechend später reif, was sie gut vor Spätfrösten schützt. Ihr Säurepotenzial spielt sie vor allem in den sonnenverwöhnten Hanglagen kühler Anbaugebiete aus. So verwundert es nicht, dass sie wohl ursprünglich aus dem nördlichen Rheintal stammt. Bereits im 15. Jahrhundert wurde die Rieslingrebe aus dieser Region zum ersten Mal erwähnt.

Auf kargen, gut wasserdurchlässigen Böden fühlt sich die Rebe besonders wohl. Schiefergestein und Riesling bilden eine einzigartige Symbiose, aber auch auf Urgesteinsböden und sandigem Untergrund wachsen erstklassige Weine. Große Rieslinge spiegeln ihre Herkunft geschmacklich in einer bemerkenswerten Mineralität wider.

Rieslingtrauben können in verschiedenen Reifezuständen gelesen werden, von knapp reif bis hin zu überreif. Je später die Ernte, desto höher der Zuckergehalt. Knapp die Hälfte der weltweiten Anbaufläche für Riesling liegt in Deutschland, also in einer eher kühlen Weinbauregion. Dadurch hält der Riesling selbst bei hohen Zuckerwerten seine Säure, die den Weinen ihren unverwechselbaren Charakter verleiht.

RIESLING IN GUTEN HÄNDEN

Die noble Rieslingtraube mag es, von Hand geerntet zu werden. Wird sie in kleinen Kästen oder Körben zügig in den Weinkeller gebracht, überstehen die Beeren den Transport unbeschadet. Vergoren werden heute die meisten Rieslinge eher kühl in Edelstahltanks. Bei den süßen Prädikaten ist der Zuckergehalt so hoch, dass die Gärung zuweilen ins Stocken gerät. Daher haben die meisten hochsüßen Rieslinge einen sehr niedrigen Alkoholgehalt, der bei lediglich 7 bis 8 % Vol. liegen kann.

Traditionell wird in deutschen Weinkellern der Riesling nach der Gärung im großen Holzfass (rund 1.000 Liter) gelagert. Im Gegensatz zum kleinen Eichenfass (Barrique) ist es nicht dafür gedacht, Holzaromen an den Wein abzugeben, sondern ihn sanft zur Reife zu bringen, indem durch die Holzdauben Sauerstoff eintritt. Auf diese Weise gereifte Rieslinge zeichnen sich durch ein ausgewogenes Verhältnis zwischen Säure und

Körper aus. Eine reiche Extraktfülle ist ein weiteres Merkmal guter Rieslinge. Extrakt ist ein Sammelbegriff für sämtliche nichtflüchtigen Substanzen, die ein Wein enthalten kann – das können bis zu 8.000 verschiedene sein (zum Beispiel Phenole, Spurenelemente, Vitamine, Mineralien).

Wenn ich in meinen Weinproben Rieslingweine vorstelle, höre ich immer wieder Kommentare wie »Aber der hat doch gar nicht so eine betonte Säure« oder »Oh, der ist aber fruchtig«. Genau das macht das ausgewogene Verhältnis zwischen Frucht und Säure aus.

RIESLING HAT DAS ZEUG ZUM METHUSALEM

Sicher haben Sie inzwischen bemerkt, dass der Riesling mir besonders am Herzen liegt. Er hat ein beeindruckendes Reifepotenzial, und im Unterschied zu den meisten anderen Rebsorten verändert er mit zunehmender Reife seine Aromatik sehr stark. Das hervorstechendste Merkmal eines reifen Rieslings ist seine Petrolnote, die von Kennern sehr geschätzt wird. Man muss aber zwischen erwünschter und unerwünschter Petrolnote unterscheiden. Die erwünschte entwickelt sich langsam und dezent, meistens nicht vor dem fünften Jahr der Reife. Dieser leicht unterschwellige Petrolton verbindet sich dann sehr schön mit dem Gesamtbukett des Weins.

Die unerwünschte Petrolnote wirkt plump, vordergründig und eindimensional und ist meistens ein Zeichen dafür, dass die Trauben aus einem sehr heißen Jahr oder generell aus einem sehr heißen Anbaugebiet stammen.

RIESLING ZUM ESSEN

Die erstaunliche Vielfalt an Stilen legt die Frage nahe, bei welcher Gelegenheit oder zu welchen Speisen man einen Riesling am besten genießt. Hier einige Empfehlungen:

Leichte Rieslinge sind ein perfekter Aperitif, sie erfrischen und machen Appetit. Im Sommer eignet sich Riesling sehr gut als Terrassenwein und ist der ideale Begleiter leichter Sommergerichte.

Restsüße Rieslinge wie Spätlese oder Auslese, am besten aus einer Einzellage, harmonieren wunderbar mit leicht pikanten asiatischen Gerichten. Ein leichter, mineralischer Riesling passt sehr gut zu Sushi.

Hochwertige trockene Rieslinge, etwa eine trockene Spätlese aus einer Einzellage oder ein Grosses Gewächs, begleiten sehr schön Fischgerichte (zum Beispiel gedünsteten Edelfisch wie Steinbutt oder Seezunge).

Süße Rieslinge, von Beerenauslese über Trockenbeerenauslese bis Eiswein, eignen sich ausgezeichnet als Begleiter zu milden Desserts mit Apfel (zum Beispiel Tarte Tatin), Aprikose oder Pfirsich.

WEINPROBE
SAUVIGNON BLANC

Mit einem Glas Sauvignon blanc in der Hand lässt es sich vorzüglich schwelgen, denn Sauvignon blanc bedeutet Aroma pur. Intensiv strömt sein Bukett in unsere Nase und kitzelt die Sinneshärchen. Sauvignon blanc ist nicht die elegante, feine Lady wie der Riesling, sondern vielmehr der smarte Casual-Typ mit Esprit.

Heute zählt Sauvignon blanc zu den beliebten internationalen weißen Rebsorten. Ihre Heimat liegt in Frankreich, im Loiretal. Von Weinlagen am längsten Fluss Frankreichs stammen nicht nur die beiden berühmtesten Vertreter aus 100 Prozent Sauvignon blanc, Sancerre und Pouilly-Fumé, sondern auch die weniger bekannten aus den Unterregionen Menetou-Salon und Touraine.

Sicher haben Sie sich Ihren Sauvignon blanc bereits eingeschenkt und sein intensives Bukett wahrgenommen. Hat es auch bei Ihnen einen Wow-Effekt ausgelöst?

SAUVIGNON BLANC IM GLAS

Farbe
- blasses, helles Gelb, oft grüne Reflexe
- die wenigen im Holzfass ausgebauten Sauvignon-blanc-Weine sind intensiver gelb, eher strohgelb

Nase
Die Bandbreite an Aromen ist beim Sauvignon blanc groß. Sein Bukett ist oft reich, dicht und sehr intensiv. Man unterscheidet

- floralen und leicht vegetabilen Sauvignon blanc mit grasig grünen Noten sowie Aromen von Kräutern, grüner Paprika, Brennnessel, Stachelbeere und Kiwi
- von Zitrusfrucht geprägten Sauvignon blanc mit Anklängen an Limette, Grapefruit und Ananas

🍷 exotisch-fruchtigen Sauvignon blanc mit Aromen von Passionsfrucht, Papaya, Mango und Litschi

Geschmack

🍷 fast immer trocken, leichter bis mittelkräftiger Körper, ausgeprägte, straffe, manchmal gar stahlige Säure

🍷 Aromen von Zitrusfrucht bis hin zu tropischen Früchten, Kräuter- und Feuersteinnoten, ein Touch Frische durch Mineralität

Nun haben Sie schon den zweiten Weißwein kennengelernt und sind in die Geschmackswelt des Sauvignon blanc eingetaucht. Bestimmt ist Ihnen der Unterschied zum Riesling aufgefallen.

Erfahren Sie nun mehr über die große Vielfalt an Geschmackserlebnissen, die der Sauvignon blanc zu bieten hat, am besten mit einem weiteren Schluck aus Ihrem Glas!

SAUVIGNON-BLANC-QUALITÄTEN UND -VERSCHNITTE

Auch der Sauvignon blanc ist wie der Riesling eher ein Einzelgänger und weniger ein Teamplayer. Die bekannteste Ausnahme sind die Weißweine aus Bordeaux, für die Sauvignon mit Sémillon und Muscadelle verschnitten wird. In diesem Verbund sorgt der Sauvignon blanc für die Säurestruktur und den Hauptanteil an Aroma. Es gibt zum einen die klassischen trockenen Vertreter wie den Entre-Deux-Mers, zum anderen die feinen Süßweine aus edelfaulen Trauben, zum Beispiel den Sauternes. Die zweite Ausnahme ist das Gebiet Rueda im Norden Spaniens, wo Sauvignon blanc mit den lokalen Rebsorten Verdejo und Viura verschnitten wird.

WEITERE SAUVIGNON-BLANC-ANBAUGEBIETE

Es ist gut, wenn Sie bei Ihrer ersten Begegnung mit dem Sauvignon blanc den Loire-Stil kennengelernt haben. Im nächsten Abschnitt erfahren Sie, wo diese Rebsorte sonst noch spannende Weine hervorbringt.

Ein wichtiges Anbaugebiet neben dem Loiretal und Bordeaux ist Südfrankreich, wo reinsortiger Sauvignon blanc erzeugt wird. Insgesamt ist Sauvignon blanc die am drittstärksten vertretene weiße Rebsorte in Frankreich. In Italien wächst Sauvignon blanc eher im Norden, in Südtirol und Friaul.

Auch in Deutschland nimmt die Sauvignon-blanc-Rebfläche zu, vor allem in Württemberg und in der Pfalz. Sehr beeindruckende Qualitäten kommen aus Graubünden in der Schweiz. Schätzen Sie sich glücklich, wenn Sie einmal in den Genuss eines dieser Weine kommen. In jedem Fall müssen Sie dafür tief in die Tasche greifen.

Die Steiermark in Österreich scheint wie für Sauvignon blanc geschaffen. Die steirischen Sauvignons überzeugen mit beeindruckender Intensität und Finesse. Die Rebsorte ist auch in fast allen osteuropäischen Ländern wie Kroatien, Slowenien und Tschechien zu finden und liefert dort feine Qualitäten.

In sämtlichen Weinländern der Neuen Welt wird Sauvignon blanc angebaut. Eine Benchmark setzen die Vertreter aus Neuseeland, die mit ihrer wuchtigen Exotik immer einen Wow-Effekt auslösen. Bei Sauvignons aus anderen Überseeländern lohnt es sich darauf zu achten, dass sie aus den kühleren Anbaugebieten stammen, etwa dem Casablanca Valley in Chile.

QUER VERKOSTET

Damit Sie den Sauvignon blanc in seiner ganzen Vielfalt kennenlernen, schlage ich Ihnen die beiden folgenden Vergleiche vor:

❢ Ein Vertreter von der Loire und einer aus Marlborough in Neuseeland: Probieren Sie in diesem sehr spannenden Vergleich unbedingt zuerst den Sauvignon von der Loire und erst danach jenen aus Neuseeland. Der Loire-Sauvignon ist sicherlich leichter, in der Säure bissiger und bei den Aromen eben eher im grasig-grünen Bereich. Die Aromatik des neuseeländi-

schen Sauvignon ist dagegen voll und fast schon fett – Exotik pur. Vor allem Passionsfruchtnoten werden Sie deutlich wahrnehmen können.

❢ Ein Sauvignon aus Entre-Deux-Mers in Bordeaux und einer aus Rueda in Spanien: Beides sind Verschnittvarianten mit Sauvignon-blanc-Anteil, wobei das prozentuale Verhältnis in den beiden Weinen nicht gleich sein muss. Der Entre-Deux-Mers wird bestimmt der leichtere und säurebetontere Wein sein. Der Sauvignon aus Rueda wird mehr Saftigkeit zeigen und auch gewichtiger sein, da er mehr Alkohol hat.

SAUVIGNON BLANC – LOOK UND TERROIR

Ein guter Sauvignon blanc erfrischt ungemein. Daher kann auch ein Schluck mehr davon nicht schaden. Genug Zeit also für etwas Hintergrundinformation zur Rebsorte.

Sauvignon blanc hat mittelgroße Beeren, die recht dicht am Stiel hängen. Ihre Schale ist dünn und hat wenig Farbpigmente. Sauvignon-blanc-Weine sind daher sehr hell, oft mit grünen Reflexen. Die Sorte blüht spät, reift aber zügig. Im Weinberg müssen Wuchs und Ertrag gezügelt werden, sonst kann der Wein unschöne vegetabile Noten aufweisen, die gerne mal an Spargelwasser erinnern.

Am besten entwickelt sich Sauvignon blanc in gemäßigtem, kühlem Klima. Dort kann ein Wein mit unverkennbarem Format und markanter Säure entstehen. Ganz entscheidend für das spätere Aroma ist der Lesezeitpunkt. Vor allem zu viel Hitze macht dieser Rebsorte zu schaffen. Der Wein verliert dann sehr schnell seine Leichtigkeit und Frische und kann plump und breit geraten.

Auf kargen, steinigen Böden, besonders auf Kalk, Kreide und Feuerstein, gedeihen die Reben optimal. Auch Sauvignon blanc kann sein Terroir in den mineralische Noten seines Geschmacks wiedergeben. Einen Hinweis darauf gibt das Synonym Blanc Fumé, das er an der Loire trägt, da in seinem Duft rauchige Noten auszumachen sind, die vom Feuersteinboden in den Wein gelangen.

SAUVIGNON BLANC IN GUTEN HÄNDEN

Das Lesegut, das im Keller zügig verarbeitet werden sollte, wird meistens im Edelstahltank vergoren und dort bis zur Abfüllung gelagert. Sauvignon blanc eignet sich nicht wirklich zum Ausbau in Holzfässern. Es gibt die klassischen Ausnahmen wie den Fumé Blanc

Dank schonender Handlese gelangen die Sauvignon-blanc-Trauben für den Pouilly-Fumé unbeschadet in den Weinkeller.

aus Kalifornien. Dort baut man den Sauvignon blanc im Barriquefass aus, was ihm toastige und rauchige Noten verleiht.

SAUVIGNON BLANC ZUM ESSEN

Mal grasig-grün mit Kräuternoten, mal mit Stachelbeeraroma, mal rauchig oder exotisch – mit dieser Aromenfülle gibt der Sauvignon blanc eine Steilvorlage für zahlreiche schmackhafte Kombinationen.

Sauvignon blanc ist wie Riesling ein perfekter Aperitifwein, der mit seiner Aromatik und Frische, seiner ausgeprägten Säure und Leichtigkeit den Appetit anregt und ungemein belebt. Ebenso perfekt eignet er sich als Sommerwein für Terrasse, Picknick und Grillparty.

Die grasig grünen und floralen Vertreter passen sehr gut zu Sushi, aber auch zu gegarten Gerichten mit Meeresfrüchten und Fisch. Die exotischen Sauvignons harmonieren sehr schön mit Speisen der asiatischen Küche, die eine feine pikante Würze haben, zum Beispiel milde Currys oder indische Dhals. Kräftigere und würzigere Weine sind ideale Begleiter von Räucherfisch.

Die Loire ist nicht nur die Heimat von Sauvignon blanc, sondern auch von ausgezeichnetem Ziegenkäse – eine ideale Verbindung. Auch zu anderen milden Weichkäsesorten passt Sauvignon blanc.

WEINPROBE
CHARDONNAY

Chardonnay ist, wie der Riesling auch, eine noble Rebsorte, in ihr steckt eine schier unglaubliche Vielseitigkeit. Im Gegensatz zum Riesling ist Chardonnay so etwas wie ein Chamäleon, das sich auf beeindruckende Weise seiner Umgebung anpasst. Allerdings ist die Herkunft nicht so maßgebend wie beim Riesling. Hier entscheidet vor allem der Mensch, auf welche Qualitätsstufe er seinen Chardonnay heben möchte.

Die Rebsorte Chardonnay gehört zur großen Burgunderfamilie und hat ihre Heimat deshalb im Burgund in Frankreich, sinnigerweise in einem kleinen Ort namens Chardonnay (im Mâconnais). In den 70er-Jahren des 20. Jahrhunderts konzentrierte sich der Anbau der vielseitigen Sorte noch auf die beiden Stammgebiete Burgund und Champagne. Doch blieb es natürlich nicht unbemerkt, dass gut gemachte Chardonnays wahre Begeisterungsstürme entfachen kön-

nen. An diesem Erfolg wollten auch andere Winzer teilhaben und überboten sich gegenseitig im Anpflanzen von Chardonnay.

Mit einem ganz eigenen Chardonnay-Stil sorgten die Winzer der Neuen Welt erst einmal für Aufsehen. Ihre Weine waren fett, breit und voluminös und so opulent, dass sie kaum in ein bauchiges Glas passen wollten, doch recht schnell hatten die Verbraucher genug von diesen aufgeplusterten Chardonnays. Heute stellt die Rebsorte die Weinwelt erneut auf den Kopf und führt erfahrenste Verkoster immer wieder aufs Glatteis, indem Stil und Herkunft nicht mehr klar auseinanderzuhalten sind.

Inzwischen haben Sie Ihren Chardonnay im Glas und werden sogleich einen Unterschied zu den beiden Vorgängern festgestellt haben: Das Gelb des Chardonnay ist intensiver, goldiger. Das allein lässt schon auf einen kräftigeren Tropfen schließen.

CHARDONNAY IM GLAS

Farbe

❦ von hellem Gelb bis hin zu Goldgelb

Nase

❦ Chardonnays ohne Holzfassausbau: frisch, zart, Honigmelone, Ananas, reifer gelber Apfel, weißer Blütenduft, Minze, Limette, Kräuternoten, frische mineralische Noten

❦ im Barrique ausgebaute Chardonnays: meist intensiver Duft, reife gelbe Frucht, Anklänge an tropische Früchte, dezenter Karamellduft, nussige Noten, leichte Röstnoten, ein Hauch Vanille und reife Banane, mineralische Noten

Geschmack

❦ Chardonnays ohne Holzfassausbau: mittelkräftig, nervige Säure, oft mineralische Noten, angenehme Frische, leichte Kräuteraromatik, gelbe Fruchtaromen

❦ im Barrique ausgebaute Chardonnays: kräftig, opulent, cremig und dicht mit saftigem Schmelz und beeindruckender Tiefe, dabei von einer frischen Mineralität, sodass der oft hohe Alkohol gut eingebunden ist; die Säure wirkt seidig und ist kaum spürbar, obwohl sie den Wein zusammenhält

Haben Sie den kräftigeren Körper des Chardonnay wahrgenommen? Mögen Sie seinen Schmelz und die mildere Säure, die ihn von den beiden anderen, säurebetonteren Weißweinen unterscheiden? Mit dem Chardonnay haben Sie einen ganz neuen Weißweintyp kennengelernt. Es ist also gut, wenn Sie wissen, woher die besten Qualitäten kommen.

CHARDONNAY-QUALITÄTEN UND -VERSCHNITTE

Chardonnay ist wie Riesling und Sauvignon blanc vor allem ein Solist. Nur in der Schaumweinproduktion kommen häufig andere Rebsorten ins Spiel, etwa beim Champagner Pinot noir und Pinot Meunier. Einzig der Blanc de Blancs besteht zu 100 Prozent aus Chardonnay. Auch der Crémant aus dem Burgund hat meistens einen Anteil Chardonnay. Beim Franciacorta, einem hochwertigen Schaumwein aus der Lombardei, wird Chardonnay mit Pinot bianco (Pinot blanc) und Pinot nero (Pinot noir) verschnitten.

Chardonnay gibt es vom einfachen, unkomplizierten Tischwein bis hin zu unbeschreiblich vielschichtigen Gewächsen, die das Potenzial für lange Lagerung besitzen können. Die riesige Bandbreite reicht von frisch, zart und elegant über laut und plump bis hin zu glamourös, kühl und verschlossen mit lässiger Eleganz.

WEITERE CHARDONNAY-ANBAUGEBIETE

Da die Rebsorte Chardonnay auf der ganzen Welt angebaut wird, ist es wichtig zu wissen, welche Gebiete besonders spannende Weine hervorbringen.

Neben den klassischen Anbauregionen Burgund und Champagne kommen in Frankreich viele Chardonnays aus dem Süden des Landes, meistens aus dem Pays d'Oc, einem Landweingebiet. In Italien wird in Südtirol, Piemont, Friaul und Umbrien Chardonnay angebaut, in Spanien in den Regionen Navarra und Penedès.

In Deutschland befinden sich die Anbauflächen für Chardonnay in Baden und der Pfalz, in Österreich in der Steiermark und im Burgenland, in der Schweiz liegen sie in Graubünden und im Wallis.

Anbaugebiete der Neuen Welt sind Kalifornien (North Coast), Südafrika (Walker Bay und Constantia) und Australien (Westküste und Südaustralien).

QUER VERKOSTET

Man muss etliche Chardonnays verkosten, um die ganze Bandbreite ihrer Ausdrucksmöglichkeiten erfassen zu können. In den folgenden zwei Vergleichen zeigen sich die Dimensionen dieser Edelrebsorte.

❦ Ein Chardonnay aus Burgund und einer aus Kalifornien: Beide Chardonnays sollten im Barrique ausgebaut worden sein und nach Möglichkeit auch aus dem gleichen Jahrgang stammen. Verkosten Sie zuerst den französischen Chardonnay, zum Beispiel einen aus der Unterregion Mâcon. Er wird mit einem mittelkräftigen Körper und einer eher kühlen Aromatik aufwarten. Meist sind auch mineralische Noten zu schmecken. Die Holznoten sind zwar wahrnehmbar, stehen aber nicht im Vordergrund. Er wird von festem, fast schon geradlinigem Charakter sein. Dagegen wird der Chardonnay aus dem sonnigen Kalifornien eine deutlich wärmere Aromatik aufweisen. Er wird etwas kräftiger und saftiger sein und der Holzausbau wird sich mit Toffee- und Vanillenoten stärker bemerkbar machen.

❦ Ein Chablis und ein Bourgogne Blanc: Auch innerhalb eines Anbaugebiets kann ein und dieselbe Rebsorte sehr unterschiedliche Weine hervorbringen. Ein Chablis aus dem nördlichen Zipfel des Burgunds wird traditionell nicht im Holzfass ausgebaut. Er wirkt daher wesentlich leichter und frischer als ein Chardonnay aus dem südlicheren Burgund, etwa ein Bourgogne Blanc oder auch ein Côte de Beaune.

Reife Chardonnay-Trauben haben kleine bis mittelgroße Beeren mit gelbgrüner bis bernsteinfarbener Tönung.

CHARDONNAY – LOOK UND TERROIR

Wenngleich Chardonnay mehr als andere Weißweine seinen Charakter vorwiegend im Keller erhält, ist doch seine Herkunft nicht unbedeutend. Auch Chardonnay-Trauben bevorzugen ein bestimmtes Terroir und holen sich aus geeigneten Böden alles, was sie für einen vielschichtigen, eleganten und langlebigen Wein benötigen.

Die kompakte Chardonnay-Traube hat kleine bis mittelgroße Beeren mit dünner Schale und in reifem Zustand eine grüngelbe bis bernsteinfarbene Tönung. Obschon die Sorte sehr anpassungsfähig ist, bevorzugt sie Kalkböden, wie sie in ihren Stammgebieten Champagne und Burgund typisch sind. Der Säurewert der Trauben hängt vom Ertrag und vom Lesezeitpunkt ab. Allerdings hat Chardonnay gegenüber Riesling eher eine verhaltene Säure. Die Erträge sind gut.

Alles in allem ist Chardonnay eine recht pflegeleichte Sorte, die keine allzu großen Kapriolen schlägt. Sowohl in heißem wie in kühlem Klima können große Weine entstehen. Da Chardonnay zu hohen Zuckergehalten neigt, schießen die Weine auch gerne mal über die 13,5-Prozent-Grenze hinaus. Die Chardonnay-Traube eignet sich auch hervorragend zur Versektung.

CHARDONNAY IN GUTEN HÄNDEN

Ich komme an dieser Stelle nicht umhin, etwas mehr in die Tiefen der Kellerarbeit vorzudringen, denn im Keller erhält der Chardonnay seinen Schliff und seine individuelle Ausprägung. Die Möglichkeiten des Winzers oder Kellermeisters sind vielfältig und entscheiden ganz wesentlich über die Qualität des Weins.

Chardonnay und Eichenholz sind ein ganz besonderes Gespann. Es gibt keine zweite weiße Rebsorte, die durch den Holzfassausbau geschmacklich in solchem Ausmaß dazugewinnt. Die Tatsache, dass Chardonnay nicht nur in Barriques ausgebaut (gelagert), sondern bereits darin vergoren wird, bringt

eine ganz neue Dimension in den Wein, nämlich die bereits erwähnten Sekundäraromen (siehe Seite 51). Für diese Art der Vergärung müssen die Trauben eine ordentliche Portion Power mitbringen, um dem Eichenholz Paroli bieten zu können.

Nach dem Pressen der Trauben wird der Saft für die Gärung in Barriquefässer gefüllt. Anders als beim Edelstahltank kann die Temperatur beim Holzfass nicht reguliert werden, der Gärprozess hängt allein von der Temperatur des Weinkellers ab. Das hat zur Folge, dass die Gärung bei deutlich höheren Temperaturen (etwa 20 bis 25 °C) abläuft. In der anschließenden Lagerzeit reift der junge Chardonnay in den Barriques auf den Hefen, mit denen er vergoren wurde, damit so viele Hefearomen wie möglich in den Wein übergehen. Diese Hefeschicht wird in Abständen immer wieder aufgerührt (man nennt den Vorgang Bâtonnage). Top-Chardonnays lagern meistens 6 bis 12 Monate auf der Hefe.

Viele Chardonnays werden aber auch im Edelstahltank vergoren und anschließend im Barrique gelagert. Sie haben zwar die Eichenholznoten, aber niemals die Vielschichtigkeit der eben beschriebenen Top-Chardonnays. Wie eine billige Fälschung dieser Majestäten schmecken dagegen Chardonnays, die mit Eichenholzspänen aromatisiert (»geoakt«) wurden. So wie die Barrique-Fässer werden auch diese Späne angeröstet (»getoastet«), bevor sie dem Wein zugesetzt werden. Die Weine bekommen dann zwar einen Hauch von Eichenholzaromatik, es handelt sich dabei aber lediglich um eine im Wein künstlich erzeugte Note.

Selbstverständlich gibt es auch Chardonnays, die weder im Holzfass vergoren noch darin ausgebaut, sondern wie ein ganz normaler Weißwein im Edelstahltank erzeugt wurden. Der bekannteste Vertreter dieser Richtung ist der klassische Chablis (Unterappellation des Burgunds), ein reinsortiger Chardonnay. Da er nicht im Holz ausgebaut wird, entscheidet das Terroir über seine Klasse. Aufgrund des für Chardonnay idealen Kalkbodens im Anbaugebiet Chablis geraten die Weine bezaubernd elegant und fein. Wächst Chardonnay jedoch auf einem x-beliebigen Boden, kann er auch mal sehr banal und eindimensional schmecken.

CHARDONNAY ZUM ESSEN

Die Vielseitigkeit des Chardonnay lässt viel Spielraum beim Kombinieren. Eher zarte, feine Chardonnays passen gut zu Austern, Meeresfrüchten und Krustentieren, leichten Gerichten mit Edelfisch und zu Sushi. Chardonnays mit komplexer und kräftiger Art sind schöne Begleiter zu Steinpilzrisotto, Hummer und Langusten, gegrilltem Fisch, Wildgeflügel oder Kalbsfilet.

WEINPROBE PINOT NOIR

Diese rote Rebsorte ist eine Diva mit Starallüren. Doch wer einmal in ihren Bann gezogen wurde, den lässt sie nicht mehr los. Allerdings verhält es sich mit ihr wie mit feiner Jazzmusik, in die sich das unerfahrene Ohr erst einmal hineinhören muss: Für ungeübte Weintrinker ist ein Pinot noir, der in unseren Gefilden eher als Spätburgunder oder Blauburgunder bekannt ist, ganz bestimmt nicht der geeignete Wein, um auf den Geschmack zu kommen. Ein Pinot noir möchte vom Weingenießer erobert werden!

Die Rebsorte ziert sich aber nicht erst im Weinglas, sondern bereits im Weinberg und im Weinkeller. Umwirbt der Winzer aber seine Reben sorgsam und begleitet den werdenden Wein mit Hingabe, dann offenbaren sich, manchmal erst nach Dekaden, überaus charmante Tropfen mit unvorstellbaren, geradezu überbordenden Aromen, die einen in Ekstase versetzen können.

Falls Sie zum ersten Mal einen Pinot noir im Glas haben, sollten Sie sich nicht darüber wundern, dass seine Farbe nicht besonders kräftig ist. Auch seine Aromatik wird Sie im ersten Moment vielleicht etwas befremden. Mit diesem Wein sollten Sie sich einfach ein wenig mehr Zeit lassen.

PINOT NOIR IM GLAS

Farbe
❢ helles bis mittleres Rubin- bis Granatrot

Nase
❢ junger, einfacher Pinot noir: rote Beerenfrucht, insbesondere Himbeere und Rote Johannisbeere, Kirsche, Kräuternoten, manchmal vegetabile Noten
❢ mittlere Qualität mit Holzfassausbau: frische Waldbeeren, Kirsche, Unterholz,

Moos, Kräuter, Rauchnoten, Aromen des Holzfassausbaus wie Karamell und Vanille

❗ hohe Qualität: kraftvoll und fruchtintensiv im Bukett, sehr komplex, von Waldbeeren bis Schwarzbeerenfrucht, reife Fruchtaromen, Kräuterwürze, oft kühle Aromatik aufgrund der Mineralität, tiefgründig, würzige Noten nach Unterholz, Waldboden, Trüffel und angenehmen Pilzaromen, dezente Holzaromatik

Geschmack

❗ einfache Qualität: leicht bis mittelkräftig, gute Säurestruktur, rund, rote Beerenfrucht, manchmal etwas herb mit Bittermandelnoten

❗ mittlere Qualität: mittelkräftig, samtig und rund, angenehme Fruchtaromen, begleitet von Kräuterwürze und mineralischen Noten, angenehmer Nachhall, oft mit beeindruckender Frische

❗ hohe Qualität: kräftig, je nach Reifegrad von ungestüm bis elegant und ausgewogen, dicht und vielschichtig, stützende samtige Tanninstruktur, tragende Säure, langer Abgang, mineralische Noten, oft ganz purer, intensiver Geschmack, der lange nachklingt; junge Weine haben einen straffen Zug und ganz präzise aromatische Nuancen wie Schwarzkirsche oder Waldboden

Sind Sie erst einmal mit dem Grundaroma des Pinot noir warm geworden, kann er ein richtiger Charmebolzen sein. Mit seinem Mix aus Frucht, Finesse und Komplexität benebelt er einem zuweilen die Sinne. Bis es aber so weit ist, muss man schon den einen oder anderen Pinot noir probiert haben und auch wissen, woher die besten Tropfen stammen.

PINOT-NOIR-QUALITÄTEN UND -VERSCHNITTE

Eine Diva steht allein auf der Bühne, sie duldet keine weiteren Akteure neben sich. Den einzigen Starauftritt im Ensemble hat Pinot noir beim Champagner und beim Franciacorta (siehe Seite 63). Aber auch von reinsortigen Pinot-noir-Schaumweinen gibt es sehr schöne Qualitäten. Als tolle Sommerweine gelten die Blancs de Noirs (siehe Seite 13, Roséwein) aus Pinot noir mit ganz dezenter zwiebelfarbener Tönung.

WEITERE PINOT-NOIR-ANBAUGEBIETE

Nun ist Ihr Pinot noir schon eine Weile im Glas und hat etwas Luft bekommen. Während Sie weiterlesen, schnuppern Sie ruhig ab und zu ins Glas. Sie werden feststellen, dass der Wein stets neue Facetten entfaltet.

Pinot noir ist auch im Keller eine anspruchsvolle Rebsorte. Vor der Maischegärung werden die Trauben von Hand verlesen.

Das Burgund und die Champagne sind nicht die einzigen französischen Anbaugebiete für Pinot noir. Auch im Jura, in Savoyen und im Elsass wird die Sorte angebaut.

Auch Deutschland, Österreich, die Schweiz und Italien haben sich heute als erfolgreiche Pinot-noir-Erzeugerländer emanzipiert. In Deutschland sind es Baden, die Pfalz und das Ahrtal, die beeindruckende Qualitäten hervorbringen. Aber auch an der Mosel, im Rheingau, in Franken und Rheinhessen finden sich geeignete Fleckchen, um Großes von der Pinot-noir-Traube ins Glas zu bringen.

In Österreich sind Wagram, das Burgenland und das Kamptal klimatisch begünstigte Gebiete für den Anbau von Pinot noir. Die Schweiz besitzt vor allem in den Regionen Graubünden, Thurgau, Zürichsee und Wallis bestes Pinot-noir-Land. In Italien bieten Südtirol und die Lombardei ideales Terroir für Pinot noir.

In der Neuen Welt sollten Sie den Blick auf die kühlen Regionen lenken, wenn Sie auf der Suche nach gutem Pinot noir sind. In Nordamerika sind Kalifornien und das angrenzende Oregon für Top-Pinots bekannt. Auch das kühle Klima Kanadas mag die Pinot-noir-Rebe sehr. In Südamerika wird in Chile und Argentinien Pinot noir angebaut.

Südafrika baut in der Küstenregion (Walker Bay) Pinot noir an. In Australien liegt Pinot-Land in Coonawarra, aber auch in Tasmanien. So verwundert es nicht, dass auch Neuseeland das passende Klima für Pinot noir bietet.

QUER VERKOSTET

Wie bereits angedeutet, ist es beim Pinot noir oft erst Liebe auf den zweiten Blick, das heißt, es braucht ein paar Versuche mehr, um ihm auf die Spur zu kommen. Probieren Sie es einmal mit diesen beiden Vergleichen:

❢ Ein Pinot noir aus dem Supermarkt und einer aus dem Fachgeschäft, beide aus

dem Anbaugebiet Baden: Badischer Pinot noir bzw. Spätburgunder aus dem Supermarkt kommt meistens von einer Genossenschaft. Diesen sollten Sie zuerst verkosten. Die Genossenschaften erzeugen heute sehr verlässliche und rebsortentypische Weine, die als Einstiegsweine ideal sind, da sie wenig Gerbstoffe und eine intensive Frucht mitbringen. Der Pinot noir aus dem Fachgeschäft wird sicher etwas komplexer ausfallen und auch mehr Gerbstoffe und Würznoten aufweisen.

❗ Ein Pinot noir aus dem Burgund und einer aus Neuseeland: Das ist ein sehr spannendes Pärchen! Um die Kosten im Rahmen zu halten, empfehle ich Ihnen einen Bourgogne Pinot noir und einen Pinot noir aus Marlborough. Verkosten Sie zuerst den französischen, danach den neuseeländischen Wein. Der französische wird der seriösere Wein sein und etwas mehr Gerbstoffe aufweisen. Der neuseeländische wird sehr viel mehr Frucht mit einbringen und zugänglicher sein.

PINOT NOIR – LOOK UND TERROIR

Ich hoffe, Ihr Pinot noir macht Ihnen so viel Vergnügen, dass Sie gerne noch etwas mehr über die Rebsorte erfahren möchten.

Die rote Diva Pinot noir zählt zu den ältesten Rebsorten und ist genetisch in vielen bekannten Sorten vertreten. Durch Mutation (in der Rebenlandschaft durchaus üblich) haben sich neue Rebsorten entwickelt, zum Beispiel Grauburgunder und Weißburgunder. Bemerkenswert ist, dass es auch zahlreiche verschiedene Klone der Pinot noir selbst gibt. Durch Klonenselektion wird von einer Pinot-noir-Mutterrebe, die sich für ein bestimmtes Gebiet oder Terroir besonders eignet, ein Setzling genommen und dieser vermehrt, sodass Anpflanzungen im entsprechenden Terrain vorgenommen werden können. Die Klone unterscheiden sich in ihrem Anspruch an die Weinbergslage, in Wuchskraft, Ertrag, Beerengröße und -form sowie vielen anderen Faktoren, die von immenser Bedeutung für die spätere Weinqualität sind.

Die Pinot-noir-Rebe bevorzugt kühles, am liebsten kontinentales Klima: kalte Winter, warme Sommer, im Sommer auch kühle Nächte (gut für die Säure). Obwohl die Sorte früh blüht, sollten die Trauben nicht zu früh gelesen werden, damit sie genügend Zeit für die Aromenbildung haben. Die Form der Beeren und Trauben ist nicht einheitlich, da sie ganz entscheidend vom verwendeten Klon abhängt (die beste Qualität liefern kleine, locker hängende Beeren). Eines haben alle Klone gemeinsam: eine recht dünne Beerenschale, in der wenig Farbpigmente und

Gerbstoffe sitzen. Umso wichtiger ist daher die Säure als strukturgebendes Element im Wein. Wie Chardonnay mag auch Pinot noir Kalk- und Lehmböden. Es verwundert deshalb nicht, dass das Burgund auch für Pinot noir das Referenzgebiet ist.

Die Weichen für einen erstklassigen Pinot-noir-Wein werden im Weinberg gestellt. In einem typischen Pinot-noir-Weinberg ist die Pflanzdichte sehr hoch, teilweise bis zu 10.000 Reben pro Hektar, was bewirkt, dass die Reben tief wurzeln.

PINOT NOIR IN GUTEN HÄNDEN

Im Keller ist einwandfreies Lesegut das A und O. Manche Winzer schwören darauf, einen Teil der Pinot-noir-Trauben nicht zu entrappen, sondern mitsamt den Stielen in die Maische zu geben. Da die Beeren selbst nicht viele Gerbstoffe enthalten, sollen jene aus den Stielen für etwas mehr Kraft im Wein sorgen. Das setzt voraus, dass die Trauben im optimalen Reifezustand gelesen wurden, sonst wird aus der gewünschten Portion Gerbstoffe eine Portion grüne Bitterstoffe, durch die der Wein hart und unreif wirken kann.

Nach der Gärung schließt sich bei Topqualitäten ein Ausbau im Eichenholzfass an, wobei Praxis und Philosophie rund ums Holzfass sehr vielfältig sind. Der Grad der Anröstung (Toasting), die Herkunft des Eichenholzes, die Fassgröße, der Anteil neuer bzw. gebrauchter Fässer – der Winzer hat die Qual der Wahl. Heute geht der Trend eher zum Gebrauch bereits benutzter Fässer, um den Gerbstoffanteil des Holzes gering zu halten. Der Fassausbau dauert 12 bis 30 Monate.

Um der Diva Pinot noir zu einem glanzvollen Auftritt zu verhelfen, füllen immer mehr Winzer den Wein unfiltriert auf die Flasche. Dadurch bleiben die der Traube liebevoll entlockten Aromen im Wein erhalten. Ein im Eichenholz ausgebauter Pinot noir kann in den ersten Jahren etwas kantig und trocken schmecken. Erst nach etwa fünf Jahren verliert er seine Jugendstarre.

Wie Chardonnay ist Pinot noir eine Champagnerrebsorte, eignet sich also auch hervorragend zur Versektung.

PINOT NOIR ZUM ESSEN

Spätestens wenn Sie Wein und Speisen kombinieren, werden Sie zum Pinot-noir-Fan, denn er ist ein wunderbarer Essensbegleiter.

Ein roter Burgunder zu Geflügel – auch Wildgeflügel – ist ein Gedicht. Zu einem Thunfischsteak oder einem anderen hochwertigen Fisch mit kräftiger Sauce ist Pinot noir der ideale Begleiter, ebenso zu Kalbfleisch, einem Rotweinrisotto mit Pilzen, zu Trüffelgerichten und zu mittelkräftigem Käse.

WEINPROBE MERLOT

Als Rebsorte steht Merlot deutlich im Schatten der großen Cabernet Sauvignon. Damit kann sie aber sehr gut leben. Sie ist genügsam und lässt viel mit sich machen. Merlot-Weine haben eine tolle Fruchtigkeit und wollen überhaupt nicht anstrengend sein. Dafür lieben wir sie. Weniger bekannt ist, dass Merlot auch eine spektakuläre Seite hat, werden doch die beiden teuersten Weine der Welt zu fast 100 Prozent aus Merlot bereitet. Es sind Château Le Pin und Château Pétrus im Pomerol (Unterappellation von Bordeaux). Beide Weine gibt es ab etwa 2.500 Euro pro 0,75-Liter-Flasche (Jahrgang 2010).

Mit knapp 200.000 Hektar Rebfläche zählt Merlot weltweit zu den viel angebauten Rebsorten. Wichtigstes Anbauland ist Frankreich, wo knapp die Hälfte aller Merlot-Reben steht. Der Anbau konzentriert sich im Bordeaux, im Südwesten und im Languedoc-Roussillon in Südfrankreich.

Über Klasse oder Masse entscheidet einmal mehr der Standort. François Mitjavile von Château Tertre Rotebœuf in St-Emilion sagt über seinen Wein (85 Prozent Merlot, 15 Prozent Cabernet franc): »Ich glaube nicht an Gott, aber in einem Wein wie diesem fühlt man die Macht der Natur.«

Für Weinneulinge ist Merlot ein dankbarer Wein, da er meistens angenehm abgerundete und nicht so mächtige Gerbstoffe hat. Freuen Sie sich also auf Ihren Merlot, der nun zur Verkostung an der Reihe ist.

MERLOT IM GLAS

Farbe

- in der Jugend mittelkräftiges bis dichtes Purpurrot
- reifere Merlots immer noch mit dichter Farbe, aber wärmerem Rotton

Nase

- rote und dunkle Beerenfrucht, wie eine Schale voll reifer Sommerbeeren, aber auch Pflaume und Brombeere
- im Barrique ausgebaute Weine: dezente Würzigkeit bis hin zu feuriger Würze, Vanille, Karamell und Röstnoten, bei reiferen Merlots können feine Trüffelnoten, Zedernholz und Süßholznoten dazukommen

Geschmack

- von fruchtig bis trocken, von mittelkräftig bis Blockbuster
- von eindimensional bis komplex und vielschichtig
- von rund und süffig bis kräftig mit betonten Gerbstoffen

Bestimmt sehen und schmecken Sie bei Ihrem Merlot, dass hinter dieser Rebsorte mehr als ein seichtes Tröpfchen steckt. Leider steht die Traubensorte nicht immer auf dem Weinetikett, wenngleich sie im Wein enthalten ist. Hier erfahren Sie, in welchen Weinen Sie Merlot finden können.

MERLOT-QUALITÄTEN UND -VERSCHNITTE

Als Wein übernimmt Merlot meistens die Rolle des Verschnittpartners. Bekanntestes Beispiel sind die Rotweine von Bordeaux, wo Merlot mit Cabernet Sauvignon und Cabernet franc gemischt wird. Merlot sorgt für Abrundung und frühere Trinkbarkeit, da der Wein durch die milderen Gerbstoffe und die Fruchtigkeit der Rebsorte geschmeidiger wird.

Auch außerhalb von Bordeaux ist der Verschnitt der »Bordeaux-Rebsorten« durchaus üblich. Wird zum Beispiel ein kalifornischer Rotwein aus Merlot, Cabernet Sauvignon und Cabernet franc als Bordeaux Blend bezeichnet, weiß der Weinkenner sofort, welche Rebsorten beteiligt sind. Er fragt dann höchstens nach dem Anteil der einzelnen Sorten, um sich ein besseres Bild vom Wein machen zu können. So ist etwa ein Blend aus 60 Prozent Merlot, 30 Prozent Cabernet Sauvignon und 10 Prozent Cabernet franc fruchtiger und weicher als einer aus 60 Prozent Cabernet Sauvignon, 20 Prozent Merlot und 20 Prozent Cabernet franc.

WEITERE MERLOT-ANBAUGEBIETE

Das Anbaugebiet Bordeaux steht für besonders kräftige Rotweine, zu denen Merlot einen wichtigen Anteil beisteuert. Aber auch als reinsortiger Wein ist Merlot überaus beliebt und vielerorts zu finden.

Dank der Klimaerwärmung wird Merlot heute auch in Deutschland erfolgreich ange-

baut, vor allem in der Pfalz. Auch in Österreich ist Merlot in fast allen Anbaugebieten anzutreffen. In Italien sind Venetien und Friaul hervorzuheben, wobei aus Venetien eher banale Vertreter kommen. Aber auch in der Toskana fühlt sich die Merlot-Traube wohl, entweder im Bordeaux-Verschnitt der sogenannten Supertoskaner, die oft aus der heißen Maremma kommen, oder als kleiner Verschnittanteil in Weinen der lokalen Rebsorte Sangiovese. Gern angepflanzt wird Merlot auch in sämtlichen osteuropäischen Anbauländern wie Bulgarien, Rumänien, Moldawien und Ungarn.

Aus der Neuen Welt ist Merlot nicht mehr wegzudenken. Von Kalifornien über Chile, Argentinien und Südafrika bis Australien und Neuseeland ist die Rebsorte zu finden. Reinsortig kommt Merlot vor allem als unkomplizierter Alltagswein auf den Markt, während er in den hochwertigeren Weinen wiederum Teil des Bordeaux Blend ist.

QUER VERKOSTET

Ihr Merlot im Glas geizt bestimmt nicht mit seinen fruchtigen Reizen und macht Lust auf mehr. Am besten schenken Sie sich gleich noch einen Schluck nach, bevor Sie im nächsten Abschnitt erfahren, mit welchen Vergleichen Sie den Merlot noch besser kennenlernen können.

🍷 Als Blends (Verschnitte) ein Rotwein aus Bordeaux und einer aus Übersee: Am besten funktioniert dieser Vergleich mit einem Bordeaux aus den Appellationen St-Emilion, Côtes de Bourg oder Côtes de Blaye, die sich alle am rechten Ufer der Gironde befinden und im Verschnitt meist einen höheren Merlot-Anteil als die Weine vom linken Ufer haben. Als Vertreter aus Übersee empfehle ich einen Bordeaux Blend (siehe Seite 73) aus Kalifornien (Napa oder Sonoma Valley). Der Bordeaux sollte als erster Wein verkostet werden. Er wird sich im Vergleich sicher etwas verhaltener und weniger fruchtbetont, jedoch mit kompakter Gerbstoffstruktur präsentieren. Vielleicht braucht er auch etwas länger, um sich im Glas zu entfalten. Der Wein aus Kalifornien wird ein intensiveres Bukett und auch den kräftigeren Körper aufweisen.

🍷 Als reinsortige Vertreter ein Landwein aus Südfrankreich und ein Merlot aus Chile: Die südfranzösischen Landweingebiete sind bekannt für ihre reinsortigen Weine, darunter auch sehr schöne Merlots. Sie kommen meistens ohne

Merlot mag es warm, aber nicht zu warm. Ein ideales Terroir findet die Rebe im chilenischen Maipo Valley mit Blick auf die Anden.

Fassausbau in die Flasche und zeichnen sich durch eine angenehm fruchtige und unkomplizierte Art aus. Der chilenische Merlot wird mit einer deutlich intensiveren Frucht auftrumpfen und am Gaumen mehr Gewicht haben.

MERLOT – LOOK UND TERROIR

Empfinden Sie Ihren Merlot als harmonisch? Wie fühlen sich die Gerbstoffe an Ihrem Gaumen an? Präsentiert sich der Wein eher fruchtbetont? Nehmen Sie gleich noch einen Schluck und erfahren Sie mehr über diese beliebte Rebsorte.

Die Merlot-Rebe stellt weniger hohe Ansprüche an die Lage als die Cabernet Sauvignon. Weil sie im Weinberg einfacher zu handhaben ist, wird sie auch häufiger angebaut als Cabernet Sauvignon. Merlot ist eine Rebsorte mit früher bis mittlerer Reife und benötigt zum Ausreifen nicht so warme Standorte wie die Cabernet Sauvignon. Im Gegenteil, die kühleren Lagen, die für Cabernet Sauvignon nicht geeignet sind, passen für Merlot geradezu ideal.

Auch beim Boden ist die Sorte weniger wählerisch. Allerdings weisen die großen Terroirs von Bordeaux lehmhaltige Kalkböden oder Kies-Sandböden mit eisenhaltigem Tonunterboden auf, aber auch mit Lehm durchsetzte Kiesböden mit eisenhaltigem Kalksteingrund.

Die Beeren der Merlot sind klein bis mittelgroß und hängen locker in großen Trauben am Stock. Sie sind voll von guten Phenolen, die den Stoff für saftige Weine liefern.

MERLOT IN GUTEN HÄNDEN

Wie schon im Weinberg ist Merlot auch im Keller keine anspruchsvolle Rebsorte. Einfache, fruchtbetonte Merlots kommen ohne Holzfasslagerung in die Flasche, sie werden höchstens mit Holzchips etwas aufgepeppt.

In den 1990er-Jahren kam ein Merlot-Stil in Mode, der sich nach wie vor einer regen Nachfrage erfreut. Ausgangsmaterial ist überreifes Traubengut, aus dem ein superkonzentrierter, intensiv fruchtiger Wein entsteht, der für mehrere Monate in neue Barriques gepackt wird. Das muss man mögen. Top-Merlots brauchen dieses hochgestylte Handling nicht. Die Kellertechnik dient lediglich dazu, das, was die Natur in die Beeren gebracht hat, zu bewahren.

Die Stilistik des Merlot reicht von unkompliziert, rund und süffig über konzentriert fruchtig mit kräftiger Holznote bis hin zu unfassbarer Tiefe und erregender Sinnlichkeit. Ich erinnere mich an eine Veranstaltung, bei der die Jahrgänge 1989 und 1990 der Top-Châteaux von Bordeaux verkostet wurden. Alle Weine befanden sich auf der obersten Stufe der Qualitätspyramide, doch als wir den 89er und den 90er Pétrus einschenkten, wurde dieses Niveau noch getoppt, was ich nicht für möglich gehalten hatte. Wie ein Gigant überragte der 90er Pétrus alle anderen Weine. Diese sinnliche Erfahrung wird für immer in meinem Gedächtnis bleiben.

MERLOT ZUM ESSEN

Der Alleskönner Merlot ist auch als Begleiter zum Essen vielseitig und anpassungsfähig. Er ist nicht zu kräftig, nicht zu anspruchsvoll, in normaler Qualität auch bezahlbar, und harmoniert zum Beispiel perfekt mit der bunten Partyküche, vom Nudelsalat bis zur Bratwurst und dem Nackensteak. Auch zu Pizza und Pasta eignet er sich bestens.

Leichtere Vertreter können auch leicht gekühlt serviert werden, etwa zu gegrilltem Fisch, während die kräftigeren Merlots sehr gut zu würzigen Fleischgerichten von Lamm, Rind und Schwein passen. In der kalten Jahreszeit sind sie auch angenehme Begleiter zu kräftigem Wildfleisch.

WEINPROBE
CABERNET SAUVIGNON

Der Cabernet Sauvignon zählt zu den kräftigsten Rotweinen überhaupt und steht folgerichtig am Ende unserer Verkostungsreihe. Als vierte im Bunde der edlen Rebsorten belegt Cabernet Sauvignon unangefochten den Spitzenplatz in der Welt des Weins. Sie ist schon viel herumgekommen in der Welt. Ihr Ruf ist international und sie wird von Winzern wie Konsumenten gleichermaßen geschätzt.

Bei aller Popularität zählt Cabernet Sauvignon nicht zu den alten Rebsorten. Erst im 18. Jahrhundert wurde sie in ihrem Stammgebiet Bordeaux unter ihrem heutigen Namen erwähnt. Zum Erstaunen der ganzen Weinwelt haben DNA-Tests ergeben, dass sie durch natürliche Kreuzung von Cabernet franc und Sauvignon blanc entstanden ist, was auch ihren Namen erklärt. Erstaunlich dabei ist, dass der eine Elternteil eine weiße Rebsorte ist, das entstandene Kind aber zu den farbintensivsten und tanninreichsten Sorten zählt.

Halten Sie Ihr Glas vor einen weißen Hintergrund, um noch weiter in die Farbtiefen des Cabernet Sauvignon abtauchen zu können. Und seien Sie darauf gefasst, dass Sie es vielleicht zum ersten Mal mit einem solchen Kraftpaket im Glas zu tun haben.

CABERNET SAUVIGNON IM GLAS

Farbe
- sehr dicht und dunkel, von violettrot bis kirschrot
- selbst nach Jahren der Reife immer noch sehr konzentriert

Nase
- fruchtige Noten: Schwarze Johannisbeere, dunkle Pflaumen, Waldbeeren, Brombeere

- florale Noten: Blütenduft, Kräuternoten
- vegetabile Noten: reife rote Paprika
- würzige Noten: Tabak, Zedernholz, ein Hauch Orient, Nelke, Holznoten wie Vanille, Karamell und Röstaromen
- sonstige Nuancen: tolle Frische (vor allem bei Weinen aus höheren Lagen), Menthol, Eukalyptus

Geschmack

- kräftiger bis superkräftiger Körper, Power pur, stoffig und intensiv
- mittlere, gut integrierte Säure, sehr kräftige und ausgeprägte Tannine, Alkohol meistens über 13,5 % Vol., häufig auch über 14 % Vol.
- oft intensive Aromen, Beerenfrucht, Holzaromen (je nach Reifestadium), in jungen Jahren oft noch etwas ungestüm und wild schmeckende Aromen

Überrascht Sie die Intensität des Weins? Sind die Gerbstoffe eine Herausforderung für Ihren Gaumen? Das ist Cabernet Sauvignon in Reinkultur.

CABERNET SAUVIGNON-QUALITÄTEN UND -VERSCHNITTE

Grundsätzlich kommen nur die Einstiegsqualitäten reinsortig auf die Flasche, etwa ein Landwein aus Südfrankreich oder ein günstiger Vertreter aus Chile, was nicht heißen soll, dass diese Weine nicht schmecken. Bei den hohen Qualitäten sind die Tannine aber meistens derart heftig, dass sie mit Merlot & Co. abgerundet werden müssen.

In der berühmten (und komplizierten) Bordeaux-Klassifikation aus dem 19. Jahrhundert haben fünf Châteaux die höchste Bewertung erhalten, deren Weine allesamt von Cabernet Sauvignon dominiert sind. Alle fünf befinden sich in Unterappellationen des Médoc (Pauillac, Margaux) und von Graves (Pessac-Léognan).

CABERNET-SAUVIGNON-ANBAUGEBIETE

In Frankreich ist Cabernet Sauvignon mit knapp 60.000 Hektar Rebfläche die viertwichtigste rote Rebsorte. Knapp die Hälfte steht im Bordeaux, dem wichtigsten Anbaugebiet für Cabernet Sauvignon. Die Rebflächen konzentrieren sich im Médoc und in der Appellation Graves. Doch selbst wenn Sie ein Cabernet-Typ sind, müssen Sie nicht unbedingt dem Bordeaux-Wahn verfallen und sich finanziell ruinieren. Auch in kleineren, eher unbekannten Appellationen wie etwa Bergerac, das direkt an Bordeaux anschließt, wird Cabernet Sauvignon (neben den anderen Bordeaux-Rebsorten) angebaut. Eine

Nur in heißen Lagen wie hier in der Maremma in der Toskana kann Cabernet Sauvignon ausreifen und Teil großer Weine werden.

bedeutende rote Sorte ist Cabernet Sauvignon im Languedoc und im Pays d'Oc, einem Landweingebiet. Auch in der Provence fühlt sich die Traube sehr wohl und bringt stoffige, intensive Rotweine hervor.

In Italien wird die Sorte viel angebaut, von Bedeutung ist sie allerdings nur in der Toskana. Dort gedeiht sie wie Merlot vor allem in der heißen Maremma nahe der Küste. In Spanien wird die Sorte erfolgreich in Navarra und im Penedès angebaut. Auch in fast allen warmen, mediterranen osteuropäischen Ländern ist sie zu finden.

In den Cabernets aus der Neuen Welt, allen voran jenen aus Kalifornien (Napa und Sonoma Valley), ist den klassischen Bordeaux-Weinen ab den 1970er-Jahren eine ernst zu nehmende Konkurrenz erwachsen. Geradezu paradiesisch sind die Bedingungen in Chile, das nicht selten auch als »Bordeaux der südlichen Halbkugel« bezeichnet wird. Selbst in einfachsten Qualitäten beweist der Cabernet Sauvignon sein Format.

QUER VERKOSTET

Sollte die Rebsorte Cabernet Sauvignon Sie bereits in ihren Bann gezogen haben, kann ich das nur allzu gut verstehen. Deshalb folgen nun weitere Verkostungstipps.

❗ Médoc versus Médoc: Wählen Sie für diesen Vergleich als ersten Wein einen Bordeaux aus der AC Médoc oder der AC Haut-Médoc aus und als zweiten Wein einen Vertreter aus einer der Unterappellationen des Médoc, beispielsweise St-Estèphe, St-Julien oder Pauillac. Da die genannten Regionen am linken Ufer der Gironde liegen, kann man davon ausgehen, dass der Cabernet-Anteil im Verschnitt höher ist als bei Weinen vom rechten Ufer. Verkosten Sie zuerst den Médoc bzw. Haut-Médoc und danach den Wein aus der Unterappellation. Da der zweite Wein aus einem sehr viel kleineren Gebiet stammt als der erste, wird er auch ein differenzierteres Bukett

und Geschmacksbild haben und das Terroir stärker widerspiegeln. Zuweilen benötigen die Weine aus den Unterappellationen auch mehr Zeit zur Reife, sodass ihre Gerbstoffe in der Jugend noch recht hart erscheinen können. Der Médoc dagegen ist nicht weniger kräftig, allerdings wohl weniger dicht und von robusterem Charakter. Médoc-Weine erschließen sich leichter.

❢ Ein Cabernet aus Australien und einer aus Südafrika: Da es in den meisten Anbaugebieten in Down Under relativ heiß ist, fallen die Weine kräftig und intensiv aus. Die Gerbstoffe sind nicht mehr kantig, sondern bereits abgerundet. Die südafrikanischen Cabernets ähneln eher den europäischen und fallen selten so mächtig aus wie die australischen. Beide Weine werden eine intensive und vollmundige Aromatik nach dunklen Beeren verströmen.

CABERNET SAUVIGNON – LOOK UND TERROIR

Bei so viel Kraft im Glas fragen Sie sich sicherlich, woher diese kommt und wodurch sich diese einzigartige Rebsorte von anderen Sorten unterscheidet.

Die Power des Cabernet Sauvignon sitzt in konzentrierter Form in der dicken, harten Schale, die das feste Fruchtfleisch der kleinen Beeren umgibt. Die ganze Traube ist mittelgroß, kompakt und dichtbeerig.

Der Bodentyp ist bei der Cabernet Sauvignon zwar nicht ganz nebensächlich, aber so wählerisch wie Riesling oder Pinot noir ist sie nicht. Der Boden sollte nur gut durchlässig sein und sich möglichst schnell erwärmen. Das ist der entscheidende Punkt: Cabernet Sauvignon braucht warme Lagen. Diese können flach, hügelig oder gar bergig sein, Hauptsache, die spät reifenden Trauben bekommen genügend Sonne ab. Beim Cabernet Sauvignon bestimmt die physiologische Reife (siehe Seite 12) den späteren Charakter des Weins ganz maßgeblich. Unreife Trauben ergeben Weine, die sich im Mund wie Sperrholz anfühlen können. Die Klasse und Finesse eines Cabernet Sauvignon hängt von der Reife seiner Tannine ab.

Schaut man sich die Terroirs von Top-Cabernets an, stellt man fest, dass die Rebe schon ein Näschen für lauschige Plätze hat. Sie liebt die Nähe zum Wasser, sei es ein Fluss wie die Gironde im Bordeaux oder eine Küste wie im Anbaugebiet Margaret River in Westaustralien. Aber auch am Fuße mächtiger Gebirgszüge, etwa in Chile und Argentinien mit Blick auf die Anden, gedeiht sie prächtig. In bergige Höhen begibt sie sich am Simonsberg in Südafrika und in Sonoma Mountain in Kalifornien.

CABERNET SAUVIGNON IN GUTEN HÄNDEN

Die perfekt ausgreiften Cabernet-Sauvignon-Trauben durchlaufen eine hoffentlich langsame und wenig stürmische Gärung, während der die hochwertigen Inhaltsstoffe der dicken Schalen extrahiert werden können. Der noch junge Wein braucht dann Zeit zum Akklimatisieren. Würden Sie ihn kurz nach der Gärung probieren, hätte Ihr Gaumen nicht viel Freude daran. Deshalb wird Cabernet Sauvignon klassisch in Barriques gelagert, wo seine Gerbstoffe dank dosiertem Sauerstoffkontakt durch die Holzdauben hindurch langsam gezähmt werden. Wenn wir dann noch die Geduld aufbringen, den Wein für ein paar Jahre wegzulegen, wird er es uns mit einer betörenden Reichhaltigkeit bei immer noch viel Kraft und Raffinesse danken.

Cabernet Sauvignon ergibt maskuline Rotweine! Seine Muskeln sind wie bei einem durchtrainierten Athleten fein definiert und nicht aufgeplustert. Während die einen auf diesen Typus schwören, fehlen den anderen ein paar Rundungen. Daher wird Cabernet Sauvignon sehr häufig mit Merlot und Cabernet franc verschnitten, wie wir beim Bordeaux Blend gesehen haben (siehe Seite 73). Der Cabernet Sauvignon bringt seine wohldosierte Kraft ein, die beiden anderen Partner steuern vor allem Frucht und am Gaumen den nötigen Mittelbau bei. So formt sich ein komplexes Geschmacksbild, das seine Strahlkraft über Jahrzehnte behält. Nicht umsonst zählen die Spitzengewächse aus Bordeaux zu den langlebigsten Weinen.

Selbst bei ganz einfachen Cabernet-Qualitäten, die nicht im Holz ausgebaut wurden, sind die Gerbstoffe markant. Bei Vertretern aus heißen Regionen ist zwar der Gerbstoffgehalt abgemildert, aber nicht komplett gezähmt – für den Anfang eine gute Wahl, um mit diesen Kraftpaketen warm zu werden.

CABERNET SAUVIGNON ZUM ESSEN

Ein Wein mit so viel Gerbstoff, Kraft und Fülle benötigt einen ebenbürtigen Partner auf dem Teller. Deshalb sollte bei Gerichten, zu denen Cabernet Sauvignon serviert wird, mit Gewürzen nicht gespart werden.

Cabernet Sauvignon liebt Fleisch, am besten in Form von Steaks. Gehaltvolle Fleischgerichte und Cabernet Sauvignon ergänzen sich hervorragend: Die Gerbstoffe des Weins werden milder und die Speisen für den Genießer leichter verdaulich. In jedem Fall mag Cabernet Sauvignon Gerichte mit viel Aroma, etwa Röstgemüse, gegrilltes Fleisch oder auch mal ein kräftiges Thunfischsteak. Auch mit Hartkäse verträgt sich Cabernet Sauvignon sehr gut.

SERVICE

Vielleicht haben Sie unter den sechs Weinen bereits Ihren Favoriten gefunden und interessieren sich jetzt dafür, wo sie ihn bekommen und für welchen Preis Sie welche Qualität erwarten können. Zu Hause stellt sich dann die Frage der fachgerechten Aufbewahrung und der optimalen Serviertemperatur. Nun steht dem perfekten Weingenuss nichts mehr im Wege!

TIPPS FÜR DEN WEINEINKAUF

In Deutschland werden rund 75 Prozent aller Weine im Lebensmitteleinzelhandel gekauft. Dazu zählen Warenhäuser, Supermärkte und Discounter, wobei Letztere knapp 50 Prozent ausmachen. Der Rest verteilt sich auf den Weinfachhandel, den Direktverkauf beim Winzer, den Einkauf im Internet und andere Bezugsquellen wie Telefonverkauf oder Verkauf direkt an der Tür.

WEIN AUS DEM DISCOUNTER

Die meisten Discounter bieten ein sehr klar strukturiertes Sortiment mit einer überschaubaren Anzahl an Weinpositionen. Es gibt nicht ständig neue Weine im Hauptsortiment. Die Weinstile sind seit mehreren Jahren die gleichen und die Gestaltung der Etiketten bleibt nahezu unverändert. Die Preise bewegen sich im untersten Einstiegsbereich. Sonderangebote und Aktionen sind separat aufgebaut und nicht im Hauptweinregal zu finden. Wird ein Wein ins Sortiment aufgenommen, müssen davon reichliche Mengen verfügbar sein, was wiederum bedeutet, dass nur ein Mindestmaß an Qualität erwartet werden kann. Allerdings hat sich diese Qualität in den letzten Jahren stark verbessert. Die Weine sind zwar einfach, aber in der Regel nicht fehlerhaft.

Weniger erfreulich finde ich gewisse Sonderangebote, mit denen die Discounter immer wieder locken, etwa mit einem Amarone für 9,90 Euro oder einem Barolo für 11,99 Euro pro 0,75-Liter-Flasche. Amarone und Barolo zählen zu den bekanntesten Weinen Italiens und entsprechend hoch sind die Erwartungen des Kunden. Eine annehmbare Qualität müsste das Doppelte kosten.

Weit erfreulicher sind dagegen die Bestrebungen deutscher Spitzenbetriebe, im Discounter eine Basisweinlinie zu vernünftigen

Preisen (meistens zwischen 6 und 8 Euro pro Flasche) anzubieten. Diese sind fair kalkuliert und der Discountkunde wird dafür sensibilisiert, dass Qualität ihren Preis hat.

WEIN AUS DEM SUPERMARKT

Im Supermarkt ist das Weinangebot schon deutlich umfangreicher als im Discounter. Man spricht hier auch von Regalmetern anstatt von Positionen im Weinsortiment. Üblich sind mindestens acht Regalmeter Wein, was meist etwa hundert verschiedenen Weinen entspricht. Die Regale sind in der Regel nach der Weinfarbe sortiert und innerhalb der Farbe nach Regionen und Preisen. Die teureren Weine sollten auf Augenhöhe stehen, damit uns diese am ehesten »ins Auge fallen«. Allerdings werden die teuersten Weine meistens auf den obersten Regalboden gestellt, wo sie dann vor sich hin stauben. Einfache Weine werden doppelt oder gar dreifach sehr dicht nebeneinandergestellt. Höherpreisige Weine werden höchstens in doppelter Reihe gestellt, allerdings mit leichtem Abstand zwischen den Flaschen, damit man besser danach greifen kann.

An der Front der Regalböden befindet sich bei jedem Wein eine Einstecketikette mit dem Preis und einer kurzen Beschreibung des Weins. Ob diese dann auch gelesen wird – ganz zu schweigen vom Rücken-

etikett auf der Flasche, das heute alle relevanten Informationen zum Wein enthält –, darf angesichts der Tatsache, dass sich der Kunde im Durchschnitt kaum mehr als eine halbe Minute Zeit nimmt, um sich für einen Wein zu entscheiden, bezweifelt werden.

Auch im Supermarkt haben sich die Weinqualitäten im Allgemeinen erfreulich verbessert, die angebotenen Weine bieten ein sehr gutes Preis-Genuss-Verhältnis. Sie stammen von großen Produzenten oder Genossenschaften, die den Kundengeschmack kennen und ihn mit ihrem Angebot in der Regel ganz gut treffen. Es gibt auch bereits erste Tendenzen – die sich in Zukunft noch verstärken werden –, dass der Kunde in Supermärkten mit gut sortierter Weinabteilung eine fachliche Beratung erwarten darf. Solche Märkte stellen heute eine echte Konkurrenz zu kleinen, individuell geführten Weinläden dar.

WEIN AUS DEM WARENHAUS

Warenhäuser wie Karstadt, Galeria Kaufhof, KaDeWe oder Globus nehmen eine Sonderstellung ein, da sie nach sehr unterschiedlichen Konzepten geführt werden. Das Weinsortiment, ein Mittelding aus Supermarkt und Fachhandel, besteht zum einen aus gängigen Einstiegsweinen, etwa von Genossenschaften und großen Produzenten, zum anderen aus qualitativ hochwertigen Weinen fast aller Preisebenen bis hin zu Raritäten wie Prestige Cuvées führender Champagner-häuser oder namhaften Bordeaux-Châteaux. Warenhäuser führen vornehmlich Weine bekannter Produzenten und Regionen, wobei sie sämtliche gängigen Provenienzen abdecken. Weine aus kleinen oder unbekannten Appellationen oder gar Exoten sind im Allgemeinen nicht vertreten.

Als Kunde können Sie in Warenhäusern eine gute Fachberatung erwarten. Es werden auch regelmäßig Verkostungen und kleine Weinevents veranstaltet und es besteht die Möglichkeit, sich den Wein nach Hause liefern zu lassen. Die Tiefe des Sortiments und die angebotenen Dienstleistungen schlagen sich allerdings in den Weinpreisen nieder, die im Vergleich immer etwas höher angesiedelt sind. Daher empfiehlt es sich, auch Sonderangebote und Aktionen zu nutzen.

WEIN AUS DEM FACHGESCHÄFT

Lediglich sieben Prozent und damit der kleinste Anteil am Gesamtkuchen der Weinbezugsquellen entfallen auf den Fachhandel. Der Kunde hat oft eine gewisse Schwellenangst, um in einem Fachgeschäft nach einem feinen Tropfen Ausschau zu halten. Allgemein herrscht die Meinung, dass die Preise dort deutlich höher sind als im Lebensmittel-einzelhandel, was auch zutrifft und absolut nachvollziehbar ist, da der Fachhändler bei kleineren Erzeugern mit individuellem Weinangebot einkauft.

Will ein Produzent einen Wein beim Discounter platzieren, muss er davon mehrere hunderttausend Flaschen herstellen – von einem einzigen Wein wohlgemerkt. Die Weine im Fachhandel kommen dagegen meistens von Erzeugern, bei denen die Gesamtproduktion aller Weine bei 100.000 Flaschen liegt, was sich natürlich in einer höheren Qualität niederschlägt. Zudem erhalten Sie als Kunde eine fachliche Beratung und können in der Regel auch Weine verkosten. Und noch etwas: Es gibt keine Fragen, die Sie nicht stellen dürften.

Der Fachhandel teilt sich auf in Weinfachhandelsketten (zum Beispiel Mövenpick Weinkeller, Jacques' Weindepot, Vom Fass) und individuell geführten Weinfachhandel mit jeweils eigenem Konzept bzw. individueller Ausrichtung im Sortiment. Die einen sind besonders stark im Bereich deutscher Weine, andere wiederum machen sich mit Weinen von der Iberischen Halbinsel einen Namen. In jedem Fall sind sie Spezialisten auf ihrem Gebiet. An Verkostungstagen und Weinevents können Sie neue Weine und Regionen entdecken und treffen auf Gleichgesinnte, mit denen Sie sich austauschen können. Für Weinfreunde auf der Suche nach mehr Geschmack im Wein führt kein Weg am Fachhandel vorbei. Es sei denn, Sie kaufen direkt beim Erzeuger oder über das Internet.

WEIN DIREKT VOM WINZER

Viele Haushalte haben ihr Haus-und-Hof-Weingut, bei dem sie jahrein, jahraus ihren Wein bestellen. Häufig ist es so, dass der Kunde einmal im Jahr zum Weingut fährt, dort gleich noch das Wochenende verbringt, den aktuellen Wein mit dem Winzer probiert und sich für die nächsten Monate eindeckt. Kurz vor Weihnachten wird dann noch einmal nachbestellt. Das ist die Zeit, wo die Weingüter ihre Touren planen und den nachgeordneten Wein höchstpersönlich nach Hause liefern.

Die Preise beim Winzer sind in der Regel sehr moderat. Nicht zuletzt deshalb wird der größte Teil der deutschen Weine direkt beim Weingut gekauft. Viele kleine Winzer in Deutschland verkaufen sogar fast ihre gesamte Produktion direkt an den Endkunden. Das ist für beide Seiten lukrativ, da kein Zwischenhandel mitverdienen muss.

WEIN AUS DEM INTERNET

Für viele war es zu Beginn des Online-Geschäfts nicht vorstellbar, dass sich auch ein emotionales Produkt wie Wein über das Internet erfolgreich verkaufen lässt. Heute gehört es für jeden spezialisierten Wein-versandhandel und jede Weinhandelskette zur Dienstleistung dazu, auch einen Online-Shop zu betreiben. Allerdings punkten diese Anbieter vor allem bei Weinen, die sich preislich mit dem stationären Handel vergleichen lassen. Eine Ausnahme sind Video-Weinbesprechungen im Netz, die auch unbekanntere Weine vorstellen.

Da sich die Käufer über Bewertungssysteme austauschen, kann es sich der Online-Händler nicht erlauben, minderwertige Qualität zu liefern. Allerdings sollten Sie besonders auf die Weinjahrgänge achten – im Internet werden immer wieder Ladenhüter verramscht. Der Nachteil ist, dass Sie den Wein vorher nicht probieren können. Wenn Sie ihn aber bereits kennen, ist die Online-Bestellung ein sehr komfortabler Weg, den Wein direkt nach Hause geliefert zu bekommen.

Und hier ein paar Internet-Adressen: www.mövenpick-wein.de; www.hawesko.de; www.delinat.com und www.vinaturel.de (beide ausschließlich Bioweine).

WAS DARF'S DENN KOSTEN?

In Deutschland werden die meisten Weine zu einem Preis um die 2 Euro pro Flasche verkauft. Da ich weiß, wie viel Arbeit in einem guten Wein steckt, blutet mir dabei natürlich das Herz. Meiner Meinung nach sollte ein vernünftiger einfacher Weißwein mindestens 3,50 Euro/0,75 Liter kosten, ein vernünftiger Rotwein ab 5 Euro aufwärts.

Welche Qualitäten kann der Kunde nun für welchen Preis erwarten (Angaben immer für die 0,75-Liter-Flasche)?

- ⊤ Unter 3,50 Euro: Unterster Preiseinstieg für Weiß-, Rosé- und Rotwein, Massenqualität, höchstens ein Ansatz von Rebsortentypizität. Bezugsquelle: Discounter oder Supermarkt.
- ⊤ 3,50 bis 5 Euro: Gute Basisqualitäten von mittelgroßen Erzeugern, insbesondere für Weiß- und Roséweine. Bezugsquelle: Supermarkt oder direkt vom Winzer.
- ⊤ 5 bis 10 Euro: Weiß-, Rosé- und Rotweine guter Qualität – aber immer noch Basisebene – von kleineren Erzeugern mit Qualitätsanspruch. Die Weine können geschmacklich bereits ihre Herkunft widerspiegeln. Bei Rotweinen höchstens kurzer Holzausbau in gebrauchten Fässern. Bezugsquelle: gut sortierter Supermarkt, Fachhandel, Internet oder direkt beim Erzeuger.
- ⊤ 10 bis 20 Euro: Lagenweine, Weine mit Prädikat, Weine aus namhaften Weinorten und von qualitätsorientierten Erzeugern. Alle Weinfarben, alle Weintypen, Weine mit längerer Ausbauphase und mit Lagerpotenzial. Bezugsquelle: Fachhandel, direkt beim Erzeuger, Internet, gut sortierter Supermarkt.
- ⊤ 20 bis 50 Euro: Weine aus Toplagen, kleines Herkunftsgebiet, individueller Kleinsterzeuger, biologischer oder biodynamischer Anbau (siehe Seite 32). Sehr rebsorten- und herkunftstypische Weine, langer Ausbau, hohes Lagerpotenzial. Bezugsquelle: spezialisierter Fachhandel, direkt beim Erzeuger, spezialisierte Online-Händler.
- ⊤ Ab 50 Euro (nach oben offen): Spitzenweine von erlesenen Weingütern mit Weltruf und hoher Nachfrage, bestes Terroir, Weine mit hohem Lagerpotenzial, Raritäten, Weine zur Geldanlage, Liebhaberweine. Die Produktionskosten eines Weins können selbst bei höchstmöglichem Einsatz in Weinberg und Keller die 50-Euro-Marke nicht mehr weit überschreiten. Der Aufschlag, den das Weingut für Weine dieser Qualitätsebene kalkuliert, richtet sich nach Angebot und Nachfrage bzw. nach der Bekanntheit des Erzeugers und nicht mehr nach der Qualität. Dadurch erklären sich auch Preise von 400 Euro für einen 2005er Bâtard-Montrachet Grand Cru aus dem Burgund oder von rund 1.000 Euro für einen 2010er Château Margaux aus Bordeaux. Bezugsquelle: spezialisierte Fachhändler, Raritätenhändler, Auktionshäuser.

LAGERUNG
ZU HAUSE

Die wenigsten Weinkonsumenten kaufen Wein auf Vorrat. Die Tatsache, dass die meisten Weine innerhalb von drei Stunden nach dem Einkauf bereits getrunken werden, belegt dies deutlich. Rein in den Einkaufswagen, ab in den Kühlschrank und dann zügig eingeschenkt. Sie als angehender Weinkenner möchten aber bestimmt den einen oder anderen Wein mehr zu Hause unterbringen. Doch wohin mit den Weinkisten? Nachfolgend ein paar Tipps für den Hausgebrauch.

WEIN DUNKEL LAGERN

Licht wirkt wie ein Reifeturbo. Ein gutes Beispiel sind Weine vom oberen Regalboden im Supermarkt, wo immer die etwas teureren Flaschen stehen, die ohnehin nicht regelmäßig im Einkaufswagen landen. Unter der starken Lichteinwirkung oben auf dem Regal

holen sie sich dann nicht nur einen Sonnenbrand, sondern gleich Altersflecken.

Möchten Sie über längere Zeit etwas von ihren Schätzen haben, suchen Sie sich eine dunkle Ecke in Ihrem Haus oder Ihrer Wohnung. Das kann beispielsweise im Kleiderschrank sein, unter dem Bett, unter einem Treppenvorsprung oder im Keller – sofern dort auch die übrigen Lagerbedingungen (keine großen Temperaturschwankungen, keine Erschütterungen) erfüllt sind.

KONSTANTE TEMPERATUREN

Ein Raum mit extremen Temperaturunterschieden bietet keine idealen Lagerbedingungen für Wein. Ein Keller, der die Außentemperaturen sehr stark aufnimmt, ist für Wein eher ungeeignet: im Winter zu kalt, im Sommer zu warm. Das bedeutet Stress für den Wein. Die ideale Lagertemperatur liegt zwischen 10 und 15 °C. Je höher die Temperatur, desto schneller reift der Wein. Ein bei 20 °C gelagerter Wein reift doppelt so schnell wie einer, der bei 10 °C aufbewahrt wird. Steigen die Temperaturen noch höher, kann der Korken ein Stück weit aus der Flasche gedrückt werden und Wein austreten. Da die Weinflasche dann nicht mehr richtig dicht ist, übernimmt der Sauerstoff die Herrschaft und lässt den Wein oxidieren. Das kann übrigens auch passieren, wenn Sie auf der Heimreise von Ihrem Sommerurlaub hier und da einen Zwischenhalt einlegen und der im Urlaub eingekaufte Wein für ein paar Stunden der sengenden Hitze im Kofferraum ausgesetzt ist.

Wein gefriert bei −4 bis −8 °C (ein Wein mit 12 % Vol. bei −6 °C, einer mit 14 % Vol. bei −7 °C). Dadurch gerät das Gefüge des Weins durcheinander, Stoffe wie Weinsäure, Phenole und Eiweiß fällen aus. Deshalb sind weder die frei stehende Garage noch das Gartenhäuschen als Lagerort geeignet.

KEINE ERSCHÜTTERUNGEN

Der Wein ist eine kleine Mimose, Erschütterungen nimmt er sehr übel. So ist es zum Beispiel keine gute Idee, Ihren Wein dort zu lagern, wo Waschmaschine oder Trockner stehen. Was da genau mit dem Wein vor sich geht, ist wohl unergründlich, aber ich stelle diese Schwankungen immer wieder fest, wenn ich Weine verkoste, die sich nach der Anlieferung noch nicht richtig akklimatisieren konnten, oder Weine, die gerade frisch abgefüllt wurden. Sollten Sie also mit einer Buddel Wein im Gepäck mit dem Fahrrad über Stock und Stein zu Ihren Freunden fahren, könnte es sein, dass der Wein dann im Glas »fremdelt«. Nach einer gewissen Zeit der Erschütterung braucht ein Wein etwa einen Tag, um sich von den Strapazen zu erholen. Nach der Abfüllung sollte der Wein sogar ungefähr einen Monat lang in Ruhe gelassen werden.

WANN WEINE LIEGEND LAGERN?

Die Empfehlung, Weine in liegender Position zu lagern, ist inzwischen eigentlich überholt. Zum einen gilt bzw. galt dies nur für Weinflaschen, die mit einem Naturkorken verschlossen sind. Zum anderen wurde durch Studien belegt, dass selbst Flaschen mit Naturkorken für die kurz- bis mittelfristige Lagerung (bis zu zehn Jahren) auch stehend gelagert werden können. Die liegende Position hat sich aus der Überlegung ergeben, dass auf diese Weise der Korken ständig mit Wein benetzt und so vor dem Austrocknen geschützt ist. Heute weiß man, dass sich der Korken die Feuchtigkeit, die er braucht, selbst aus dem Wein zieht, ohne dass er mit dem Wein Kon-

Regalsysteme für Weinflaschen erlauben eine platzsparende Lagerung und können je nach Bedarf erweitert werden.

Luftfeuchtigkeit), ist das für den Wein, mit welchem Verschluss er auch immer versehen ist, völlig ausreichend. Der eine oder andere Naturkorken kann mit der Zeit allerdings etwas brüchig werden.

Sollten Sie zum Weinsammler avancieren und sich für die nächsten Jahrzehnte regelmäßig mit Wein eindecken, kann ich Sie zu Ihrem neuen Hobby nur beglückwünschen. Allerdings sollte, bevor Sie mit dem Einkaufen der Erstausstattung beginnen, der entsprechende Lagerraum gefunden bzw. geschaffen werden. Dies kann ein Klimaschrank sein, in dem Sie bis zu hundert Flaschen unterbringen, oder eben ein richtiger Raum, der dann mit allem Schnickschnack versehen sein sollte. Im Idealfall wäre dies ein dunkler, erschütterungsfreier Keller mit ganzjährig konstanter Temperatur und einer Luftfeuchtigkeit von 60 bis 75 Prozent. Diese Bedingungen können auch in einem x-beliebigen Raum künstlich über eine Klimaanlage geschaffen werden, doch das geht dann richtig ins Geld.

KELLERBUCHFÜHRUNG

Sollte Ihr Weinbestand die 100-Flaschen-Marke überschreiten, empfehle ich Ihnen, unbedingt eine Art Weinkellerbuch zu füh-

takt haben muss. Selbstverständlich machen Sie nichts falsch, wenn Sie die Flaschen in ein Regal legen. Es gibt allerdings Flaschenformen, die sich schlecht stapeln lassen, etwa die Riesling-Schlegelflasche oder der Bocksbeutel aus Franken.

Wichtiger als die Position der Flaschen ist die Luftfeuchtigkeit. Je wärmer ein Raum ist, desto trockener ist er meistens auch. Ich habe festgestellt, dass in einem zu trockenen Raum (unter 40 Prozent Luftfeuchtigkeit) der Naturkorken zwar die Flasche weiterhin abdichtet, aber am oberen Teil etwas austrocknen kann, sodass er beim Öffnen der Flasche gerne mal bricht und bröselt. Lagern Sie aber Ihre Flaschen zu Hause in normalem Raumklima (50 bis 60 Prozent ren, in dem Sie sowohl die Neuzugänge mit allen Angaben (wie Jahrgang, Name, Preis) als auch die Abgänge (das, was aus dem Bestand entnommen wird) festhalten. Denn schneller, als Sie denken, haben Sie »Weinleichen« im Keller liegen. Am besten machen Sie einmal eine Hochrechnung über Ihren Weinverbrauch: Wie oft in der Woche oder im Monat trinken Sie Wein? Umgerechnet auf das ganze Jahr ergibt sich daraus ein realistischer Verbrauch für die kommenden Jahre.

Ich werde immer wieder gebeten, bei Kellerauflösungen die Weinbestände zu schätzen. Wenn ich den Besitzern dann mitteilen muss, dass der Großteil ihrer Weine eigentlich nur noch weggegossen werden kann, schaue ich immer wieder in völlig überraschte Gesichter, ging man doch davon aus, dass da wahre Schätze lagern.

FLASCHE NOCH NICHT LEER

Wie lange ist Wein in einer angebrochenen Flasche haltbar? In 99,9 Prozent der Fälle wird der Wein in einer einmal geöffneten Flasche nicht besser. Die Flasche sollte also innerhalb von zwei oder drei Tagen ausgetrunken werden, wobei Weißwein schneller an Bukett und Geschmack verliert als ein kräftigerer Rotwein. Am schnellsten verflüchtigen sich die fruchtigen Noten,

die dem Wein Spiel und Charme verleihen. Sauerstoff ist nun mal der größte Feind des Weins, sobald die Flasche geöffnet ist. Er führt zur sukzessiven Oxidation, die den Wein so stark verändert, dass es keine Freude mehr macht, ihn zu trinken. Sicherlich ist die Schmerzgrenze bei jedem anders gelagert. Doch gerade ein Weißwein oder Rosé lebt von seiner Frische und Saftigkeit. Ist sie dahin, schmeckt der Wein nur noch fahl und langweilig.

Angebrochene Flaschen, auch Rotweine, sollten immer im Kühlschrank aufbewahrt werden. Das kann die Oxidation ein bisschen hinauszögern. Zum Verschließen der Flaschen verwenden Sie am besten den Originalstopfen oder -verschluss. Die im Handel angebotene Pumpe mit passenden Stopfen, die vorgibt, den Sauerstoff aus der Flasche zu ziehen, ist eher Show, als dass es irgendetwas bringt. Diese Ausgabe können Sie sich also sparen.

Um den Sauerstoff tatsächlich aus der Flasche zu bekommen, müssten Sie die Pumpe etwa 70 Mal betätigen. Wirksamer wäre in diesem Fall Lebensmittelgas, das sich nach einer kurzen Pumpbewegung auf den Wein legt und den Sauerstoff aus der Flasche verdrängt. Danach wird die Flasche verschlossen. Gaskartuschen für Lebensmittel gibt es im gut sortierten Weinfachhandel zu kaufen.

EMPFEHLUNGEN ZUR SERVIERTEMPERATUR

Man sollte aus der Temperaturfrage keine Wissenschaft machen. Dennoch ist es in jedem Fall nützlich, den Wein vor dem Genuss auf seine optimale »Betriebstemperatur« zu bringen, denn die Serviertemperatur hat entscheidenden Einfluss auf den Geruch und Geschmack des Weins.

Wird mir ein leichter Weißwein angeboten, der über 14 °C warm ist, mag ich ihn nicht trinken. Der Frischekick fehlt total. Bei einem Rotwein dagegen, der mit über 20 °C ins Glas kommt, schmeckt man vor allem den Alkohol.

Nun steht nicht in jedem Haushalt ein Weintemperierschrank, der jederzeit alle Weintypen in der perfekten Serviertemperatur bereithält. Da aber unsere Kühlschränke für die meisten Weine zu kalt eingestellt sind, folgen hier ein paar Tipps und Hinweise rund um die Serviertemperatur, mit denen Sie unabhängig von Ort und Jahreszeit jeder Situation gewachsen sind.

Je höher die Temperatur des Weins, desto schneller verdunsten seine flüchtigen Inhaltsstoffe (Geruchsmoleküle) an der Oberfläche. Soll demnach ein Wein intensiv duften und sein Bukett voll zur Geltung bringen, muss er etwas wärmer serviert werden. Ein gutes Beispiel sind hochwertige Chardonnays, die im Barriquefass vergoren und gelagert wurden. Sie offenbaren erst bei etwa 14 °C ihr ganzes Bukett.

Kleine Mängel im Wein können Sie kaschieren, indem Sie den Wein etwas stärker kühlen (Weißwein auf etwa 6 Grad, Rotwein auf etwa 16 Grad). Je kälter der Wein ist, desto weniger können Sie riechen. Sie sollten aber nicht zu viel auf einmal einschenken, sonst wird der Wein zu warm und zeigt dann doch noch seine Schattenseite.

Weiß- und Roséweine mit mangelnder Säurestruktur gewinnen enorm, wenn man sie gut gekühlt serviert, weil dadurch der

SERVIERTEMPERATUREN

WEINSTIL/WEINTYP	BEISPIEL	EMPFOHLENE TEMPERATUR
Schaumwein	Champagner, Cava, Sekt	6–8 °C
Süßwein	Trockenbeerenauslese, süßer Muscat	6–8 °C
aufgespriteter weißer Wein	trockener Sherry, weißer Port	10 °C
leichte bis mittelkräftige Weiß- und Roséweine	Gutsriesling, Blanc de Noirs, leichter Rosé	10 °C
mittelkräftige bis kräftige im Holz ausgebaute Weiß- und Roséweine	weißer Burgunder, Rosé aus der Provence	12 °C
leichte Rotweine	Beaujolais, Spätburgunder	12 °C
mittelkräftige bis kräftige Rotweine	Bordeaux, Shiraz, Merlot	17–18 °C
aufgespriteter roter Wein	Banyuls, roter Portwein	17–18 °C

Erfrischungsfaktor steigt. Andernfalls haben Sie nur einen flauen Wein im Glas.

Je höher die Serviertemperatur, desto stärker nimmt unser Geschmackssinn Süße wahr. Auch ein hochwertiger Süßwein verliert an Format und Klasse, wenn er zu warm serviert wird. Deshalb werden Süßweine auch kühler serviert als trockene Weine.

Für das Herunterkühlen eines Weißweins (von Zimmertemperatur auf etwa 8 °C) müssen Sie mindestens drei Stunden einplanen. Schneller geht es, wenn Sie eine Schüssel mit kaltem Wasser füllen, Eiswürfel dazugeben und den Wein für eine knappe halbe Stunde hineinstellen. Wenn auch das zu lange dauert, können Sie die ungeöffnete Flasche 20 Minuten ins Eisfach legen.

Möchten Sie einen zu kalten Rotwein rasch auf Genusstemperatur bringen, sollten Sie ihn nicht auf die Heizung stellen oder gar unter heißes Wasser halten. Besser ist es, wenn Sie ihn in eine Karaffe umfüllen, die Sie mit heißem Wasser ausgespült haben.

Mit der Zeit werden Sie ein Gefühl dafür bekommen, rechtzeitig an das Kühlen bzw. Temperieren des Weins zu denken. Jedenfalls ist es nicht nötig, sich ein Weinthermometer anzuschaffen. Bei einem Braten macht es Sinn, die Kerntemperatur zu überprüfen, nicht aber beim Wein.

REGISTER

Copyright © 2013 GRÄFE UND UNZER VERLAG GmbH
Grillparzerstr. 12, 81675 München
HALLWAG ist ein Unternehmen der GRÄFE UND UNZER
VERLAG GmbH, München, GANSKE VERLAGSGRUPPE.
www.hallwag.de

Genehmigte Sonderausgabe 2014
für Jacques' Wein-Depot

Projektleitung: Anne-Sophie Zähringer
Lektorat: Eva Meyer
Satz: Uhl + Massopust GmbH, Aalen
Herstellung: Markus Plötz
Innen- und Umschlaggestaltung: independent Medien-
Design, Horst Moser, München
Repro: Repro Ludwig, Zell am See

ISBN 978-3-8338-3612-1 "Weinwissen"

Liebe Leserin und
lieber Leser,
wir freuen uns, dass Sie sich für ein HALLWAG-
Buch entschieden haben. Mit Ihrem Kauf setzen
Sie auf die Qualität, Kompetenz und Aktualität
unserer Bücher. Dafür sagen wir Danke! Ihre
Meinung ist uns wichtig, daher senden Sie uns
bitte Ihre Anregungen, Kritik oder Lob zu unseren
Büchern. Haben Sie Fragen oder benötigen Sie
weiteren Rat zum Thema? Wir freuen uns auf Ihre
Nachricht!

GRÄFE UND UNZER Verlag
Leserservice
Postfach 860313
81630 München

Wir sind für Sie da!
Montag – Donnerstag:
8.00 – 18.00 Uhr
Freitag:
8.00 – 16.00 Uhr

Tel.: 0800-723 73 33 (kostenfreie Servicenummer)
Fax: 0800-501 20 54 (kostenfreie Servicenummer)

E-Mail: leserservice@
graefe-und-unzer.de

Ein Unternehmen der
GANSKE VERLAGSGRUPPE

Zitatnachweis: Zitat François Mitjavile, S. 72 aus: Stuart Pigott, Planet Wein – Traube um Traube: ein visueller Führer
durch die Weinwelt der Gegenwart, Scherz Verlag

Bildnachweis: S. 19 Corbis/Holler, Hendrik/the food passionates; S. 32 Getty Images/Philip und Karen Smith; S. 41
StockFood/People Pictures; S. 49 StockFood/Johner royalty-free; S. 54 mauritius images/Udo Siebig; S. 60 StockFood/
Cephas, Mick Rock; S. 65 StockFood/Cephas, Keith Phillips; S. 69 StockFood/Morris, Steven; S. 75 Corbis/Holler,
Hendrik/the food passionates; S. 79 mauritius images/United Archives; S. 90 Alexander Walter